# YÜRÜRSEN YAKINDIR DURURSAN UZAK

DAVUT TOPOĞLU

İKİNCİ ADAM YAYINLARI

**Yazar**
**Davut Topoğlu**

**Yayın Yönetmeni**
Başak Ergün

**İç Sayfa Tasarımı**
Bahadır Bermek

**Editör**
Esengül Ersoy

**Kapak Tasarımı**
milkandpaperprints

**Baskı**
İkinci Adam Matbaacılık
Moda Caddesi Özgür İş Hanı
No:28 K:3 D:306-307
Kadıköy / İstanbul
Tel 0216 345 95 66

2023

1. Baskı

**ISBN 978-625-6543-62-1**

**İKİNCİ ADAM YAYINLARI**

**Tel:** 0216 345 95 66
**Fax:** 0216 345 95 74

**www.ikinciadamyayinlari.com.tr**



**Hazırlayan**
Wonder Yapım

# YÜRÜRSEN YAKINDIR DURURSAN UZAK

S. Faye Hanım efendiye
Sevgilerimle,
Davut Tepeoğlu
10.12.2024

# ÖN SÖZ

*Sevgili Okuyucu,*

*Sizleri bu kitapta ağırlamaktan büyük bir mutluluk duyuyorum. Bu kitap, yaşadığım deneyimleri ve hayatımdaki dönüm noktalarını paylaşma amacıyla kaleme alındı. Bir iş adamı olarak geçirdiğim yıllar boyunca başarı ve başarısızlık arasındaki ince çizgide dolaşırken öğrendiğim derin dersleri sizinle paylaşmayı hedefledim. Çocukluğumdan bu zamana kadar kendime söylediğim hep bir söz vardı.*

*"Fukaralık benim alın yazım değil. Benim diğerlerinden farkım ne? Ben de onlar gibi olabilirim."*

*Bu cümle burada yazıldığı gibi kolay durmuyor. En azından benim için öyle olmadı. Çünkü bu cümleyi kendime söylerken bile hayatla olan yarışım çoktan başlamıştı. Bu yüzden ilk önce kendinize bir amaç ve hedef belirleyerek kendinize yeni bir pencere açmanızı istiyorum. Çünkü birazdan okuya-*

*cağınız kitapta bahsedilen adam, bu zamana kadar hiçbir zaman aynı pencereden bakmadı. Her zaman kendisine yeni bir pencere açmayı başardı. Bunu yapmak zorundaydı. Siz de yapmak zorundasınız.*

*Son olarak, bu kitabı okurken hayatınızın her alanında size rehberlik edecek bilgiler ve ilham bulmanızı diliyorum. Unutmayın ki her başarı hikâyesi, birçok zorluğun üstesinden gelme ve sürekli öğrenme sürecini içerir. Umarım benim hikâyem, sizin hayatınızda ilham kaynağı olur ve size cesaret verir. Başarıyı yakalamak için her zaman hedeflerine odaklanmanız ve azimle ilerlemeniz gerektiğini unutmayınız.*

*Saygılarımla,*

***Davut TOPOĞLU***

# BÖLÜM 1

# I

Yağmur bardaktan boşanırcasına yağıyordu. Penceremize çektiğimiz muşambalar, rüzgârın etkisiyle duvara çarpıyordu. Çarptıkça rüzgârın ıslık çaldığını duyabiliyordum. Babam erken saatte çatıya çıkıp, "Bu yağmur duracak gibi değil," diyerek akan çatımızı tamir etmeye başladı.

Nihayet babam çatıyı onarmış, evin içine akan suyu durdurmuştu. Babam bir hayli ıslanmış, annem de ne olacağını önceden bildiği için sobayı yakmıştı. Babam sobaya yanaştı. Saçlarından akan yağmur taneleri sobanın üzerine düşer düşmez yok oluyor, ben ise bunu izlemekten zevk alıyordum. Bütün köylülerin sobası tütüyor , çıkan dumanlar köyümüzün üzerinde dolaşan kara bulutlara karışıyor ve sobanın muşambalara yansıyan ışığı onları rengârenk perdelere dönüştürüyordu.

Akşam ezanı okundu. İstanbul'a gitme vaktim gittikçe yaklaşıyordu. Uyuyup uyanacağım. Uyuyup uyanacağım diye saydığım günlerin nihayet sonuna gelmiştim. Annem yanı başımda namaz kılarken pencerenin önünde arkadaşlarımla oyunlar oynadığım harmana, bizi her zaman koruduğuna inandığım çoban köpeğimin kulübesine, ıslanmış odunlarımıza, başka hanelerin pencerelerine baktım. Bu sessiz vedadan annemin Allah'a yakarışıyla uyandım. Annem beni her zamanki gibi en güvendiği yaratana teslim ediyor, kaderimin ağabeyimin kaderine benzememesi için dua ediyordu.

Annem namazını kıldıktan sonra akşam yemeği için sofrayı kurmaya başladı. Babam sobanın yanında gözlerini kapatmış dinlendirirken annem ısınması için koyduğu tencereleri sobanın üzerinden aldı. Babamı uyandırdı. Beraber sofraya oturduk. Annemin bu güzel yemeklerini belki de son kez yiyecektim. Belki son kez böyle bir sofrada bir araya gelecektik. Bunu bilerek her zaman yarım bıraktığım yemeğimi sonuna kadar bitirdim. Karnım tıka basa doyarak sofradan kalktım. Yağmur artık dinmişti. Sobanın dibinde kalan son odun parçası tıpkı benim hayallerim gibi sönmemeye gayret ediyordu.

Annem yarın için yolluğumu hazırlamış ve baş ucuma koymuştu. Biliyordum ki o gece hiç bitmeyecek, heyecandan gözüme uyku girmeyecekti. Kardeşim yanımda her şeyden habersiz tatlı uykusundayken ben kara bulutların ardından beliren yıldızlara bakarak hayaller kurmaya çalışıyordum. Gitme vakti yaklaştıkça kurduğum bütün hayallerin yerini, bilmediğim bir korku kaplamıştı.

Bir şekilde sabah oldu. Horozun bağırmasıyla uyandım. Üstümü başımı hızlı bir şekilde giyinirken harmanımızda babam ile Murat ağabeyin konuşmalarını duydum. Babam katırını hazırlarken Murat abi sürekli babama bir şeyler anlatıyor ama babam hiç oralı olmuyordu. Babamları izlerken gözüm birden annemin diğer kapının ağzında beni izlediğini fark ettim. Annem onu gördüğümü fark ettiğinde bana el işareti yaparak yanına çağırdı. İstanbul'a gittiğimde ablamlarda kalacağım için annem onlara çok fazla yük olmamamı, sözlerinden çıkmamamı ve bir saygısızlık yapmamam konusunda bana nasihatte bulundu. O sırada babam kapıdan, "Hadi treni kaçıracağız. Vakitlice gidelim," dedi.

Annem sanki benimle vedalaşmak istemiyordu. Başından beri gözlerini benden kaçırmıştı. Veda ânında ne yapacağımı bilmiyordum. Eğer boynuna sarılırsam ağlardım ve bu veda bizim için daha zorlaşırdı. Bir hışımla annemin yolda yerim diye yaptığı yolluğumla beraber katıra bindim ve arkama dönüp bir kez olsun anneme bakmadım. Murat ağabeyimin de anneme, "Allah'a ısmarladık!" demesinden sonra babamın, "Deh!" sesiyle hareket etmeye başladık. Annemin arkamızdan yol bitene kadar bize bakacağını biliyordum. Yol boyunca annemin bakışlarını sırtımda hissettim.

Artık İstanbul'a gidiyordum. Ayağa kalkarak çocukluğumu geçirdiğim köyüme son kez gururla yukarıdan baktım. Ne yalan söyleyeyim, içim hüzünden çok sevinçle kaplıydı.

# II

Yol sanki bitmiyordu. Babam sanki katırı her zamankinden daha yavaş sürüyordu. Katır da sanki bile isteye daha ağır ilerliyordu. Yollar daha engebeliydi, sanki katırın önüne taş koyuyorlardı. Bir şeylerin beni köye geri döndüreceğini bildiğimden içimdeki bu geri dönme korkusunu su yüzüne çıkarmamaya çalışıyordum. İliç Tren İstasyonu'na yaklaşmak üzereydik. O çok merak ettiğim saatli çeşmeden su içmeden ayrılmak istemiyordum. Babam sanki aklımdan geçeni okumuş gibi tam çeşmenin önünde durdu. Katırdan indim ve çeşmeye doğru yürüdük. Köylerinden merkeze bir dünya yol kat etmiş insanlar, kimi bu çeşmeden ellerini, yüzlerini yıkarken kimi yol için mataralarına su dolduruyorlardı. Biz de elimizi, yüzümü yıkamak için sıraya girdik.

(Erzincan İliç Saatli çeşme)

Sırada beklerken çeşmenin başında duran saat dikkatimi çekmişti. 'Çeşmenin başında bu saatin ne işi vardı? Yapan kişi ne anlatmak istiyordu?' diye kendime sorular sormaya başladım. Sonra bunu Murat ağabeye sordum. O da bir halk ozanının bu çeşmeyle ilgili söylediği, "Bu çeşmenin altından su, üstünden zaman akar," sözünü söyledi bana.

Daha sonra babam Murat ağabeyin dediklerinin sonuna, "Bu çeşmenin suyundan içen er ya da geç, mutlaka bir gün İliç'e geri döner," diyerek ekledi. O an anladım ki babam da İstanbul'a gitmeden bu çeşmeden su içmişti.

## III

Tren garının arkasında, bir ağacın dibinde durduk. Elimde sıkı sıkı tuttuğum yolluğumla babamın katırının yularını ağaca bağlayışını izledim. Ekmek teknesini iyice sağlama aldıktan sonra tren istasyonuna doğru yol almaya başladık. Yanımda babam, başımızın üstünde kocaman gökyüzü ve tam karşımızda biraz sonra babamın beni bırakacağı, devasa kara tren vardı.

İçimde bitmek bilmeyen, sanki yarım kalmış bir şeyler vardı ama bununla o an pek ilgilenmiyordum. Çünkü aklımda yapacak başka şeyler vardı. Bunun vicdan, merhamet ve anneme olan özlem olduğunu daha sonradan anlayacaktım. Tren istasyonuna vardığımızda bizi bekleyen tren, kocaman demir yığınlarından oluşuyordu. Başında arada bir bizim köyün horozları gibi öten, bacasından çıkan duman eşliğinde uzun uzun çalan kornası vardı. İstasyon çok kalabalıktı. Alabildiğince insan kalabalığı içinde ben, babam ve Murat ağabey bir an olsun buraya sıkışmış gibi hissettik. Biraz istasyonda bekledikten sonra babamın emaneti olarak, 'Bundan sonrası senin,' der gibi babamın elini bırakıp Murat ağabeye yaklaştım. Düdük çaldı. Sonra herkeste bir telaş... Bavulunu, sepetini alan trene binmeye çalışıyordu. Trenin ucu bucağı gözükmüyordu. Nerede başlayıp nerede bittiğini kestiremediğim bu tren bile gözüme korkunç gözükürken neden ben İstanbul'dan korkmuyordum. Ama babamın söylediği o söz aklıma takılmıştı. Ya babam gibi geri gelirsem... Etrafımda herkes ağlayıp vedalaşırken bende hüzne pek yer yoktu. İçimde varacağım yere bir an evvel ulaşmak, buraya geri dönersem asla eskisi gibi olmama hırsım, tüm duygularımı alt etmişti. Annemi, babamı bir daha görememek bile olsa karşılığı, asla yolumdan dönmeyecek, gözümde yaşla bu şehre veda etmeyecektim. Yolcular yavaş yavaş yerlerine geçmeye başlıyorlardı.

Trenin siyah dumanı gökyüzüne doğru yavaş yavaş yükseliyordu. Benim yaşımda olan çocuklar annesiyle, babasıyla bu yolculuğa çıkarken ben tek başıma o herkesin korktuğu İstanbul'a gidecektim. Kimileri kocaman bavullarıyla trenin bagajlarını doldururken kimileri benim gibi bir torba ile trene biniyorlardı. Kimileri bir sepet dolusu elma taşıyordu, kimileri bohçaları, döşekleri trene yerleştiriyorlardı. Oysa ben herkes İstanbul'a gidiyor zannediyordum. Herhâlde benim ilgilendiğim tek yer orası olduğu için öyle düşünüyordum.

Murat ağabey babamla vedalaştı. Dedim ya, bende bu vedaya yer yoktu. Bir an önce tren hareket etmeli, umuduma giden yolculuğuma başlamalıydım. Babam gitme der gibi saçımı okşarken ben kalamam dercesine beline sarıldım. Hareket vakti gelmişti.

Murat ağabeyimin yardımıyla trene bindim. Sanki trendeki herkes bir suçluymuşum gibi bana bakıyordu. Ben ise trenin bana ayrılan penceresinden babamın gidişini seyrediyordum. Belki bakar da el sallarım diye... Tren son düdüğünü öttürdüğünde raylardan gelen o korkunç sesle irkildim. Tren yavaş yavaş hareket ettikten sonra babamı görme umuduyla ona baktığımda tren bir anda tünele girdi. Kendimi o kadar yalnız hissettim ki. Az önce gördüğüm gökyüzü yok. Babam yok. İstasyondaki elleri havada kalan insanlar yok. Sadece pencereden hızlı bir şekilde akan görüntüler var. Ancak gözlerimi sabitlediğimde ne olduklarını anlayabiliyordum. Yol kenarındaki ağaçlara bakıyordum. Giden benken ağaçlar gidiyormuş gibi gözüküyordu gözüme...

Ah be İstanbul, nereden düştün aklıma? Keşke böyle olmasaydı. Eşitsizlik durumu olmasaydı, herkes eşit olsaydı, herkes seni insan yerine koysaydı, kimse birbirine üstünlük taslamasaydı da kimse tarla, bağ, bostan, koyun, katır sayısının derdine düşmeseydi. Ama ben öyle biri olmayacağım. Bu düzene ayak uydurmayacağım.

Kendime bir söz verdim. Babamı ezdikleri gibi beni ezemeyeceklerdi. Bu saydığım eşitsizlikler olmasaydı şimdi bu trende olmayacak ve bu ayrılığı yaşamayacaktım. Yol boyunca kendimi suçlayıp durdum. Bu saydıklarımı sürekli aklımdan, dilimden düşürmedim. Ben babam gibi olmamalıydım, benden olacaklar da babam gibi olmamalıydı.

Yanımda bir tek Murat Erkuş ağabeyim vardı. Köydeyken benim için sadece komşumuz olan Murat ağabey, o an yanımda hem anam hem babam hem de bana yoldaş olmuştu. Yolculuğumuz üç gün sürmüştü. Hayal meyal hatırladığım Haydar Paşa Tren Garı'na tekrar gelmiştim. "Haydar Paşa Tren Garı'nı daha önce nereden biliyorsun," diyorsanız sizleri hikâyemin ilk başladığı yere, yani İstanbul'a götüreyim.

# IV

13 Ocak 1955 yılında İstanbul Sultanahmet'te dünyaya geldim. Annemin adı Ayşe, babamın ise İsmail. Ben dördüncü çocuktum. Babam annemle tanışmadan önce Emine Hanım diye biriyle evliymiş. Emine Hanım'dan iki kızı olmuş. İsimleri Yedigül ve Yadigâr. Emine Hanım vefat ettikten sonra babam annemle, namıdiğer Hanegeli Ayşe ile evlenmiş. Annemin de babamdan önce boşandığı bir eşi varmış. Ondan da Hüsnü adında bir çocuğu olmuş. Dolayısıyla babamın ilk evliliğinden olan iki kızı, annemin de ilk evliliğinden olan oğluyla birlikte bir aile olmuşuz. Bu hikâyeyi pek hatırlamasam da o zamanlar üç yaşındaydım. Ama anlatılanlardan dolayı biliyordum.

Ağabeyim Hüsnü, babama yardım etmek için marangoz atölyesinde babamla birlikte çalışıyormuş. Annemin anlattığına göre ben sürekli hastalanıyormuşum ve babamın işlerine biraz da olsa köstek oluyormuşum. Bir gün yine hastalanmışım. Hastane dönüşünde evimizin kapısında onları amcam Mustafa Top karşılamış ve köye döneceğini, o yüzden annemden ve babamdan helallik almaya geldiğini söylemiş. Amcam mevsimlik işçi olduğu için buradaki işlerini halletmiş ve köye geri dönecekmiş. Babam da benim sürekli hastalandığımdan ve hep hastaneye gitmek zorunda kaldığımızdan dolayı beni ve annemi de onunla beraber göndermek istemiş. Birkaç ay kalmamızı, belki havası iyi gelir diye annemle beni köye geri göndermiş. Ben sadece annemin yüzünü gördüğüm manzarada, annemin kucağında köye dönerken ağabeyim Hüsnü ve babam marangoz işinde çalışmaya devam ediyorlarmış. Hüsnü ağabeyim yakışıklı, güçlü bir delikanlıymış. On altı yaşında olmasına rağmen diğer çıraklara kıyasla babamın iş gücünü neredeyse yarıya indiriyormuş. Belki de babam kadar iyi bir zanaatkâr olabilirmiş.

Biz köye gittikten bir hafta sonra Hüsnü ağabeyimin arkadaşları babama gelip gezmeye gideceklerini, eğlenmek istediklerini söylemişler. Yani babamdan Hüsnü ağabeyim için izin istemişler. Her ne kadar babam Hüsnü ağabeyimin öz babası olmasa da başına bir şey gelmesinden korkarmış ama onu çok sıkmak da istemezmiş. Bu yüzden arkadaşlarını ve ağabeyimi kırmayıp onlara geç kalmamaları ve dikkatli olmaları için uyarıda bulunmuş. Hüsnü ağabeyim hayatının en güzel eğlencesini belki de o gün geçirmişti. Belki beraber parklarda gezmişler, horoz şekeri yemişler, kim bilir belki de daha önce İstanbul'un görmediği manzaralarını hafızasına kaydetmişti.

Hüsnü ağabeyim o gün arkadaşlarının kiraladığı kayıkla denizde açılırken kiraladıkları kayık birden alabora olmuş ve Hüsnü ağabeyim o denizde boğularak ölmüştü. Arkadaşları telaşla ağabeyimi ararken ondan geriye sadece elbiseleri kalmış ve İstanbul'un o devasa denizi ağabeyimin mezarı olmuştu.

Ağabeyimin arkadaşları korku ve telaşla, ellerinde ağabeyimin elbiseleriyle babamın yanına gelmişlerdi. Olayı babama anlattıklarında babam dizlerinin üzerine çökmüş ve olayın nasıl olduğunu arkadaşlarından dinlediğinde inanamamış. Babam, "Ben Ayşe'ye ne derim!" düşüncesiyle dükkânın bir köşesinde dizlerini döve Döve kendini teskin etmiş. Bunun üzerine polisler ve arama ekiplerinin uğraşlarına rağmen ağabeyimin ne ölüsüne ne de dirisine kimse rastlamamış. 'Kara haber tez duyulur' atasözüyle anneme ulaşan bu kara haber, evimizin tam ortasına bir ateş gibi düşmüştü. Olaylar bu şekilde benim etrafımda dönerken ben daha üç yaşındaymışım ve annemin acısına ortak olamamışım. Annem o günden sonra, "İstanbul bana haram olsun!" diyerek İstanbul'u kendine haram kılmıştı.

Ağabeyim Hüsnü'nün cenazesi gıyabında yapılmıştı. Annem ağabeyime ait eşyaları ve denizden çıkarılan son giydiği kıyafetleriyle birlikte ağabeyimin umutlarını, yaşama sevincini, hayallerini, İstanbul'daki hatıralarını o boş mezara gömmüş ve biraz da olsa acısını dindirmişti. Babam bunun üzerine İstanbul'a tekrar dönmüştü. Annemin aldığı karar yüzünden marangoz atölyesini kapatarak bütün malzemelerini satıp köye geri dönmüş ve binbir umutla gittiği İstanbul defterini tamamen kapatmıştı. Bundan sonra babam kendi işinin patronu olmayacak, köyde ne iş olursa yapacak ve geçimimizi her ne koşulda olursa olsun bu köyde sağlayacaktı.

**(Erzincan, Dikmen Köyü)**

**(Dikmen köyündeki baba ocağı)**

# V

Erzincan'ın İliç ilçesinin çok sayıda tarihi ve yapı kalıntıları bulunmaktadır. Bu tarihi kalıntılar arasında bulunan eski adı Bastana olan Dikmen Köyü'müzde sabahın sessizliğini ilk önce köy çobanları ve çocuklar bozardı. Bilinenin aksine sabaha seslenen horozlar değil, çocuklardı. Hanelerden yükselen sobaların dumanları, sobaların üzerinde kaynayan güğümler, herkesin yavaş yavaş uyandığına işaretti. Erzincan'ın kışı çok çetin geçer, yazları ise bir o kadar da kuraklık yaşanırdı. Köy yerinde günlük rutin işlerimizi yaptıktan sonra artakalan zamanlarda arkadaşlarımla kartopu savaşı yapar, ayak başparmağım sızlayana kadar karlarda sürüklenirdim. Kış benim için özeldir. Özellikle kar yağdığı zaman kendimi sırtüstü yere atardım. Karın üzerime yağışını seyrederdim. Karın sessizliği beni rahatlatırdı. Karın tane tane envaiçeşit şekillerine bakarak bembeyaz gökyüzüne dalıp giderdim. Gözlerimi kapatır, zamanın nasıl aktığını bilmezdim. Sonra başımda annem belirir, hasta olmamam için beni zorla eve sokardı. Islanan çoraplarımı ayağımdan çıkarıp kuruması için sobanın üzerine asardı. Üstümü başımı değiştirdikten sonra annem sofrayı hazırlar, birlikte babamı beklerdik. Köyde belli bir saat kavramımız yoktu. Annem sofrayı hazırlar, tandır ekmeklerini ısıtmak için sobanın üstüne serer, babam ise her seferinde bu sofraya denk düşerdi. Ondan önce kimse sofraya oturmaz, ondan evvel kalkmazdı. Şükürle oturduğumuz sofralardan şükürle kalkardık. Her yediğimiz lokma annemle aramızı ilmek ilmek bağlardı. Hava artık yavaş yavaş kararırken babama o çok merak ettiğim İstanbul'u sorar, annemin odadan çıkmasıyla babamdan İstanbul hikâyelerini dinlerdim. İstanbul'u anlatırken o koca denizin suyunun nereden geldiğini, Hüsnü ağabeyimin İstanbul'da nasıl kaybolduğunu sorardım. Babam her seferinde bıkmadan anlatır dururdu. Bir de babama sormadığım sorular vardı. Hüsnü ağabeyimin cansız bedeni kim bilir denizin dibinde nereye doğru sürüklendi?

Sabah olunca iki göz odalı evimizde gözlerimi açar, tan yeri henüz ağarmamışken bir süre yorganın altından çıkamazdım. Kardeşim benden, ben ise babamdan daha geç uyanırdım. Babamın katırını sevmesini, katırının arkasında bir önceki günden kalmış ne varsa tek tek özenle bahçeye koyup yeni güne hazırlanmasını seyrederdim.

Evimiz tek odalıydı. Kaldığımız odada bir döşek, köşede duran annemin çeyizlik sandığı, üzerinde ise yastık ve yorganlarımız vardı. Bir de evimizin ortasında duran bir sobamız vardı. Gece yatarken o uzun uzun yastıklara sırtımızı dayar, hem duvarın çektiği nemden sırtımızı korur hem de daha güvende uyurduk. Benim tam ayak ucumda kardeşimin kafası, kardeşimin ayak ucuna ise benim kafam gelecek şekilde ters düz yatardık. Annem babam ise karşımızdaki daha büyük olan döşekte sırt sırta verip uyurlardı. Ne uyuduğumda ne uyandığımda onları hiç yattıkları yerde görmezdim. Bizden erken kalkar, bizden geç uyurlardı. Annem, evimizin ortasında duran sobanın üstünde yemeklerini ağır ağır pişirirdi. Yerlerde ise keçi kılı çullarımız vardı.

Yataktan çıkıp babamın işlerine yardım etmek için doğruldum. Odanın kapısı dış kapının girişindeki hole açılıyordu. Sol köşede telli bir raf, altında ise küçük eski bir tahtadan yapılmış tezgâh vardı. Onun üstünde tencereler, bakır leğenler dururdu. Dört kişilik evimizde bütün eşyamız bundan ibaretti. Her sabah olduğu gibi annem harmanda oturmuş sobanın külleriyle kıyafetleri, yemek yediğimiz kapları temizliyor, kardeşim ise ona çeşmeden getirdiği bidonla azar azar su döküyordu. Ben ise kapıda ayaklarıma üç numara büyük gelen kara lastiğimi giyip boş bidonları doldurmak için tekrar yola koyuluyordum.

**(Erzincan'daki evimizin şimdiki hali)**

# VI

Zaman bir şekilde akıp geçmişti. Ben ilkokul çağına gelmiştim. Kardeşim Metin'le beraber aramızda üç yaş olmasına rağmen aynı sınıfta okuyorduk. Okulumuz tek derslikten oluşan, birinci ve beşinci sınıfın aynı derslikte eğitim gördüğü bir okuldu. Sınıfımızın ortasında kocaman bir soba vardı ancak bu sınıfımızı ısıtmak için tam yeterli değildi. Çünkü pencerelerden bazıları tam kapanmıyor, içeriye rüzgâr bir şekilde giriyordu. Öğretmeniz Simeli Muzaffer Hoca bu kapanmayan pencereleri ne kadar tamir etmeye çalışsa da bir türlü beceremiyordu. Tamir olmayan pencerenin önüne sıra sıra geçerdik. Çünkü öğretmenimiz bir kişiyi oraya koyarsa ona haksızlık edeceğini düşünürdü. Ve ne yalan söyleyeyim ne zaman o pencerenin önüne geçsek aramızdan biri kesin hasta olurdu. Defterlerimiz, kalemlerimiz hiçbir zaman tam değildi. Bir de her okulda olan kara tahtamız vardı. Bütün her şeyi yazıp çizdiğimiz kara tahtamız...

Muzaffer Hoca'mızı çok üzmezdik. Çünkü öğretmen, köydeki en saygı gösterilen kişiydi. Kendisi de öyleydi. Hiçbirimize haksızlık etmez, zengin, fakir diye ayırt etmezdi. Hepimizin güzel geleceği olan öğrenciler olduğunu söylerdi. Ben ve birkaç arkadaşım matematik derslerini sevmezdik. Muzaffer

Hoca kara tahtanın önünde ders anlatırken bazı zamanlar onu dinleyemezdim. Masanın üzerinde duran ve Muzaffer Hoca'ya ait olan yarısı yeşil, yarısı siyah bir dolma kalem gözüme çarpardı. Kalemden gözümü alamaz ve 'Acaba benim de bir gün böyle kalemim olacak mı' diye düşünür, bir kalemin üzerinde binlerce hayaller kurardım.

# VII

Babamın Sırma isminde bir katırı vardı. Babam ailemizin bütün rızkını Sırma'nın sırtına yüklemişti. İstanbul'dan trenle gelen gurbetçileri köylerine götürür ve karşılığında beş lira alırdı. O zamanlar araba ve yol olmadığı için istasyondan köylere mesafeler yaklaşık otuz otuz beş kilometreydi. Fakat babam her zaman bu işi yapmıyordu. Yolcu olmadığı zaman Sırma ile Arapkir'e gidip üzüm alırdı. Onlarla tek tek köyleri gezer, üzüm satardı. Geçimimizi bu şekilde temin etmeye çalışırdı.

Kısacası babamın ömrü yollarda geçerdi. Köyümüz elli hanelik bir köy olduğu için herkes ilkbahardan sonbahara kadar tarlalarda, bostanlarda çalışır, gayret gösterir, kışlık yiyeceğini, hayvanların yiyeceklerini hazır hale getirirlerdi. Bizim köyümüzde elektrik olmadığı için birkaç teneke gaz yağı, bir çuval çay, şeker ve yine bir teneke Vita yağı ve bir çuval da makarna gibi malzemeleri almak zorundaydık. İmkânı olan keçisini kesip kavurma yapardı. İşte bunların hepsini yapmak için para lazımdı. Köyümüzün birçok sakini gurbetçiydi. Bizim ailemize mensup hiç gurbetçi yoktu. Gurbette olanlara hangi şehirde olursa olsun İstanbulcu derlerdi. İstanbulcular köydeki yakınlarına, köyde 'pırtı' dediğimiz içinden hediyelerin, ihtiyaçların çıktığı sepetle veya valizlerle gelen eşyalardı. Bizim bir İstanbulcumuz yoktu. Dolayısıyla bize gelecek olan pırtımız da yoktu. Ertesi gün pırtı gelen ailelerin çocuklarının üstlerine, başlarına bakardık onlara bir şeyler gelmiş mi diye... Bizim payımıza da bazen bu pırtılardan düşen, şekerler ya da portakallar olurdu. O portakal kabuklarını da yakamıza takar, mis gibi kokardık.

Ekilebilecek tarlamız fazla yoktu. Dolayısıyla buğday ambarımız dolmuyordu. Daha kışlıklarımız bile hazır değildi. Bu arada babam köyümüzün büyükbaş hayvanlarının otlatılmasına, yani çobanlığa talip oldu. Bunun karşılığında hayvan sahiplerinden bir hayvan başına bir teneke buğday alacak, hayvanları ilkbahardan sonbahara kadar otlatacaktı. Bu da demek oluyor ki üç yüz elli hayvan başına üç yüz elli teneke buğday alacaktı. Ambarımız dolacak ve nihayet rahat bir kış geçirecektik. Bu arada ben ilkokulu bitirmiş, babama yardım etmek için kolları sıvamıştım. Babam üzüm ve yolcu taşıma işine devam ederken kardeşim Metin, annem ve ben birlikte hayvanları otlatacaktı. Köyümüzün bir de küçükbaş hayvanları vardı. Onları da başka köylümüz güdüyordu.

Benim de iki tane koçum vardı. Neredeyse bu hayatta onlardan başka dostum yoktu dercesine seviyordum onları. Yemiyor yediriyor, içmiyor içiriyordum. Bazen Sırma katırımızın arpasından çalar, onlara yedirirdim. Bunu her gün yapıyordum. Biraz zaman geçtikten sonra koçlarım kocaman olmuştu. Kocaman oldukları için artık küçükbaş hayvanlarla otlamayacaktım. Büyükbaş hayvanlarla otlanacaklardı. Çünkü ben onlara dağlarda da çok iyi bakacaktım. Onlara diğer hayvanların ulaşamadığı yerlerden otlar getirecektim. Nitekim öyle de yaptım. Bunun sonucunda iki tane kocaman koçum oldu. Akranlarıyla mukayese edilemeyecek kadar büyüdüler. Bir gün Kayaboynu dediğimiz bölgede hayvanlar rahat rahat otlanırken hayvanların üzerine bir saat önce yağmur yağmış ve hava yavaştan kararmaya başlamıştı. Ben de yağmurdan kaçmış, bir yandan da yağmurun dağıttığı malları kontrol etmeye gidiyordum. Sonra gördüğüm manzara karşısında donakaldım. Hayvanlar nedenini bilmediğim bir şekilde oradan oraya koşuyorlardı. O an ne olduğunu anlamaya çalıştım. Uzaktan olanları izliyordum. Aklıma o an "buğarsak" geldi. Öyle olunca genellikle genç tosunlar, öndeki ineğin peşinden koşmaya başlarlar. Bunu yaparlarken de gözleri hiçbir şeyi görmez. Bu yüzden kendi aralarında sakatlanmalar, yaralanmalar olurdu. Bunları düşünerek hızlıca koşmaya başladım ve sürüye yetiştim. Bizim inekleri geçtikten sonra böyle bir şey olmadığını, kimsenin önde ineği kovalamadığını gördüm.

Kovaladıkları şey bir kurt sürüsüymüş. Bizim inekler nasıl olduysa cesaretlerini toplayıp kurtların üzerine kendilerini salmışlardı. Korku ve hayret içerisinde olanları izliyordum. Sürü bir şekilde dağıldıktan sonra bizim koçların yanına gittim ve o an yıkıldım. O kurt sürüsü benim koçlarımın bir tanesinin kuyruğunu koparmıştı. Nedense o an kendimi tutamayıp hüngür hüngür ağlamaya başladım. İki koçum hâlâ yaşıyordu. Fakat bir tanesinin kuyruğunun kopmasını gururuma yedirememiştim. Ağlıyordum. Annem beni ne kadar teskin etmeye çalışsa da asla susmuyordum. Annem, "Büyüyünce kendine daha çok koç alırsın," demesine rağmen ben annemi asla dinlemiyor ve bu söylediği sözün hayalini bile kurmuyordum. Üzüldüğüm şey emeğimdi aslında. Emeğimin boşa gitmesiydi. Bunun üzerine annemler kuyruğu kopan koçumu kesip yediler.

Diğer koçumla birlikte hayvanları otlatmaya devam ettim. Koçumu gözümden ayırmıyor, diğer zamanlarda nasıl baktıysam onun iki katı daha fazla özen gösteriyordum. Çünkü başına bir felaket gelmesini istemiyordum. Ama maalesef bu sefer de işler istediğim gibi gitmedi. Koçumla aramda üç ya da beş metre gibi bir mesafe vardı. Birden nereden geldiğini anlamadığım bir ses duydum. Zannettim ki oturduğum yerden, tepemin üstünden bir şey uçtu. Tüylerim diken diken olmuştu. Bir gün önceki yaşadığım aynı olayı tekrar yaşamıştım. Koçuma baktığımda diğerininki gibi kuyruğu kopmuştu ve bir kez daha dünyam kararmıştı. Bir insanın başına iki defa aynı şey gelir mi? Benim geldi işte. Yerlere, göklere sığdıramadığım iki koçum aynı kaderle kuyrukları kopmuş, soframızda karınlarımızı doyurmuşlardı.

Annem ve babam çok çalışıyorlardı. Çalıştıkları emeğin karşılığını da hiçbir zaman aldıklarını düşünmemiştim. Çünkü hayatımız en başından beri nasıl şekillendiyse hiç değişmeden devam ediyordu. Böyle devam edecek diye de her zaman içimde bir korku oluşmuştu. Mesela bizim koyunumuz veya koçumuz hiçbir zaman üç tane olmadı. İneğimiz iki tane olmadı. En başından beri sayısı hep aynıydı. İki koyun ya da koç, bir tane inek. Bazen annemi ve babamı, başkalarının hayvanlarının sayılarını konuşurlarken duyuyordum ve nedense başkalarının her şeyi bizden daha çoktu. Bizim gıdiklerimiz vardı. Onların sayısı da ikiydi. Akranlarımın otlatmaya götürdüğü gıdikler daha fazlaydı. Bu durumu bir şekilde kabullenmeliydim. Bazı zamanlar kavga ederdik ve benim iki tane gıdiğimi, akranlarımın gıdiklerinden ayırırdım. Onlarla otlatmak istemezdim. Ama onlar o sürüye bir şekilde dâhil olurlardı. Gıdiklerim onların sürüsüne dâhil oldukları için arkadaşlarımla konuşmaya, sohbet etmeye başlardık. Arada kavga ederdik ama benim arkadaşlarımla olan küslüğüm çok fazla sürmezdi. Bir şekilde ortak noktada buluşmayı bilirdim. Arkadaşlarımla buraya geldiğimizde sürekli oynadığımız bir oyun vardı. Taş yuvarlamaca… Taş yuvarlamayı "oluk" dediğimiz yerde yapardık. Oluk olabildiğince büyük, çok güzel gözüken ve buz gibi suya sahip, hayvanların su içtiği ve kavak ağaçlarının altında gölgelendiğimiz bir yerdi. Oluğa en yakın yuvarlanan taş birinci sayılacaktı.

Arkadaşlarım sıra sıra taşlarını yuvarlamaya başladılar. Bir arkadaşım yuvarlıyor, yarıda kalıyor. Bir arkadaşım yuvarlıyor, çaprazlamasına gidiyor. Ben atıyorum. Oluktan aşağıya düşüyor. Taşımın suya çarpma sesi hepimizi heyecanlandırıyor, o sesi duyan diğer arkadaşlarım daha fazla taş yuvarlamaya başlıyorlardı. Artık yaptığımız şey yarışmadan çok, yuvarladığımız taşları suya çarpma gayretine dönüşmüştü. Bu taş yuvarlama heyecanımız taşların suya çarpmasıyla çıkardığı sesle daha da büyüyordu. O sırada arkadaşlarımızdan biri aklımıza bir fitne soktu. Hemen biraz yukarıda duran koca kaya parçasını aşağıya yuvarlamamızı söyledi. Çünkü bu büyük kaya parçasını yuvarlayabilirsek o kayanın gidişini, giderken her şeyi ezerek gideceğini, çok ihtişamlı ve korkutucu sesin yankısını duyacaktık. Arkadaşımızın bu fitnesi hepimize o an cazip geldi. Birimiz alttan, birimiz üstten kayayı oynatmaya çalışıyorduk. En sonunda ben alta geçip o kaya parçasını yerinden oynattım ve kaya hareket etmeye başladı. O ânın heyecanı mı ya da korkusuyla mı bilemiyorum ama ben ne sağa kaçabildim ne sola... Başladım kayayla birlikte aşağıya doğru koşmaya... Ben hızlı koştukça sanki o da beni yakalamaya çalışıyordu. Nitekim öyle de oldu. Yamacın ucunda o kaya parçasıyla birlikte oluğa düştük. Kayanın bana çarpmasıyla ben bayılmışım ve o şekilde suya düşmüşüm. Arkadaşlarım beni dereden, o kaya parçasının altından binbir güçlükle çıkartmış. Kavakların dibindeki düzlüğe yatırmışlar. Haber köye ulaşana kadar, "Davut öldü!" diye gitmiş. Köyün âdetidir bu. Elin kesilir, köye gidene kadar kolu koptu derler. Benimki de o hesap…

Annem hemen feryat figan yanıma gelmiş. Beni baygın şekilde eve götürmüşler. O an kimin aklına gelmiş bilmiyorum ama bir koyun kesmişler. Postunun içine de beni koymuşlar. Ben günlerce o postun içinde sarılı yatmışım. Ta ki o post kokana kadar… Postun içinden beni çıkardıklarında hiçbir şey hatırlamıyordum. Baygın şekilde bir hayvanın postunun içinde günlerce uyumuşum. Sonradan öğrendim ki meğer belim kırılmış. O beni sardıkları post, belimi kaynatmış fakat yanlış kaynatmıştı. Ama çok şükür, bunu da bir şekilde atlatmışım. Bu da benim mallarımızı ve koyunlarımızı son otlatışım olmuştu.

# VIII

Benim babam mert, delikanlı ve merhametli bir adamdı. Bizleri kimseye muhtaç etmeden köyde ne iş verilmişse bileğinin hakkıyla yapar, hiç of demeden daha iyi yaşamamızı sağlamak için elinden gelen her şeyi yapardı. İstanbulcuydu benim babam. Üzümcüydü, çobandı ama her şeyden önce kocaman bir yüreği vardı. Köylüler de farklı değildi. Herkes ne iş bulsa onu yapar. Geçinmeye çalışırdı. Tabii elli hanelik köyümüzde dört beş hane olan zengin eşrafını saymazsak. Bunlar ise tam tersi, malı, hayvanı, evi barkı diğerlerinden çok olandı. Köyün geri kalan kırk kırk beş hanesi üzerinde hegemonyalarını kurmuş, bunun yüzünden sadece onların dediği oluyor ve diğer köy halkı, yani bizler onlara ayak uyduruyorduk. Bu duruma o yaşlarda da olsam çok üzülüyordum. Kendi kendime çok hırslanıyordum. Bu durumu nasıl çözebilirim, nasıl bu köyde daha rahat bir yaşam sürdürebilirim diye düşünüyordum.

Elimde olmasa da sürekli onları izliyor, içimde daha önce yaşamadığım duygulara esir oluyordum. Bunun daha sonradan hırs olacağını öğrenecektim. İçime sığmayan, hatta bu köye sığmayan hıncımı dizginlemeye çalışıyordum. Her geçen gün babamın emeğini görerek, annemin emeklerini görerek kendime söz veriyordum. Hayatımın geri kalanında asla onlar gibi olmayacaktım. Diğer köydeki o gariban, sanki bu hayata sadece çalışmak için gelmiş, başkalarına itaat eden o insanlar gibi olmayacaktım. O bahsettiğim dört beş hane gibi variyetli olacak ama babam gibi mert, annem gibi merhametli olacaktım.

Daha önce de bahsettiğim gibi köyümüzde elektrik yoktu. Bu yüzden akşamları yapılacak pek aktivite olmazdı. Komşularımız sabahtan akşama kadar tarlasıyla, bostanıyla uğraşırdı. Salı günleri Kuruçay'a pazar kurulurdu. Bu pazar ucuz olduğu için de çok kalabalık olurdu. Kimisi pazarı sevdiği için gezerdi. Kimisi domatesini, patatesini almak için gezerdi.

Akşam olur. Herkes yemeğini yedikten sonra erkekler bu zengin ailelerin birinin evinde toplanır, bir odada oturur, o zamanlarda lüks dediğimiz gaz lambasının etrafında derin bir sohbete dalarlardı. Biz çocuklar "hayat" (koridor) dediğimiz yerde oturur, büyükler içeride ne konuşuyorlar diye kulak kabartırdık. Diğer çocuklar benim gibi değildi. Onlar kendi aralarında oyun kurar, birbirlerine şaka yaparlarken ben içeride ne konuşuluyorsa pürdikkat onları dinlerdim.

İçeridekiler, o gün köyde sıradışı bir olay olmuşsa, başlarına bir şey gelmişse onu anlatır, gülüşüp konuşurlardı. Daha sonra olmazsa olmaz siyasete girilirdi. Ecevitler, Türkeşler, Erbakanlar, Demireller konuşulurdu. Bilirsiniz, bu ülkede en çok ya siyaset hakkında konuşulur ya da futbol hakkında... Fakat bizim futbolla pek ilgimiz yoktu. O yüzden siyaset konuşulmalıydı ve herkesin bir fikri, o fikri savunması vardı. Ecevitler, Türkeşler bittikten sonra Demirel'e gelinirdi. Ama Demirel'e kimse toz kondurmazdı. Herkes bir şekilde onu övmeyi bilirdi. O yüzden Demirel, benim için çok önemliydi. O an dedim ki Demirel'i herkes bu kadar övüp konuşuyorsa, kimse toz kondurmuyorsa o zaman Demirel en iyisiydi. Çünkü köyümüzün neredeyse tamamı, bir kişi hariç herkes Adalet Partisi'ni destekliyordu. Bunu hafızama kazımıştım.

Siyaset konuşulduktan sonra askerlik muhabbetinin açılması kaçınılmazdı. Artık herkesin söz alabileceği nihai sohbet başlamıştı. Siyasetteki gibi sadece üç beş kişi konuşmuyordu. Herkesin yaşadığı askerlik anısı mutlaka vardı. Bu hususta dikkatimi bir şey çekerdi. Yalnız ve yalnız çavuş konuşulurdu. Onbaşılar, yüzbaşılar varken neden hep çavuş konuşulurdu? "Çavuş beni dövdü. Çavuş bana şöyle torpil yaptı," diye askerliğin başından sonuna kadar herkes ondan bahsediyordu. Kendime o an, "Demek ki çavuş çok önemli biriydi. Herkes bu kadar çavuştan bahsettiğine göre ben de çavuş olmalıyım," dedim kendime. Siyasetçiler methedildi. O zaman, "Ben de siyasetçi olmalıyım," dedim kendime. En çok kime söz hakkı düştü bu odanın içinde. Köyün en zenginine… O zaman "Bende çok zengin olmalıyım," dedim kendime.

Kapının önündeki ayakkabılar azalmaya başladı. Herkes evlerine dağılıyordu. Lüksün ışığı yavaş yavaş sönmeye başladı. Bütün köylü evlerine dağılırken ben o odanın içinde konuşulan her şeyi hayallerimle harmanlayıp gelecekteki umut ettiğim kendime doğru yol almaya koyuldum.

# IX

Yaşım on üç olmuştu. Hayallerim bu köye sığamayacak kadar büyüktü. Bu köy artık bana çok sıkıcı gelmeye başlamıştı. Ne yaptığım işten ne de yediğim şeylerden zevk alıyordum. Artık köyümüzün bu uçsuz bucaksız manzarasının ötesini görmek istiyordum. Beni hayallerime kavuşturacak tek yer vardı. İstanbul…

Annemi bir şekilde ikna etmeli ve İstanbul'a gitmeliydim. Annemin İstanbul'a bir çocuk daha verecek gücü yoktu. Bundan dolayı bana izin vermiyor, 'İstanbul'da sana kim sahip çıkacak' diye endişe ediyordu. İstanbul'da sadece babamın ilk eşinden olan Yedigül abla vardı. O da ancak orada bir apartmanda kapıcılık yaparak çocuklarına ve eşine bakabiliyordu. Ben kapıcılık nedir, apartman nedir, bunu bile bilmiyordum. Sizlere en başında bahsettiğim gibi bir şekilde annemi ve babamı ikna ederek nihayet İstanbul'a gitmiştim. İstanbul'a her gelenin ilk selam durduğu yerdeydim. Haydar Paşa Tren İstasyonu'nda…

"Muhakkak ki senden alacaklıyım. Senden istediklerimi sakın çok görme İstanbul! Babamın çaresizliğini, annemin umutlarını, bizden çaldığın geleceğimizi senden geri almaya geldim."

## Ve İstanbul...

İki gece üç gün süren yolculuğumuzun sonunda Haydar Paşa diye hep duyduğum çok merak ettiğim o görkemli yerdeydim. Tren istasyonundan çıkışa doğru yürürken birden burnuma o kadar güzel bir koku geldi ki bunun deniz kokusu olduğunu o an bilmiyordum. Sonra bir vapurun uzunca çalan düdüğü, insanların nereye gittiğini bilmediğim koşuşturmaları, arkamda bıraktığım onca şeyi burada gördüklerim almış götürmüştü sanki. Murat ağabey önde, ben arkada, gözümden hiçbir şeyi kaçırmadan ona yetişmeye çalışıyordum. İstanbul'da babamın diğer eşinden olan Yedigül ablamın, semt adını sonradan öğrendiğim Laleli'deki evine doğru yola koyulduk. Burası neresi, bir apartmanda kapıcılık yapmak ne anlama gelir? Bunlar hakkında en ufak bir fikrim bile yoktu. Laleli'ye gelmiştik. Oturdukları binaya vardık. Yedigül ablam, eşi ve çocuklarıyla bu binanın kapıcı dairesinde yaşıyorlardı. Murat ağabey, beni Yedigül ablama teslim ettikten sonra onunla da vedalaştık. Köyümüzden bu apartmana kadar ilk önce annemle, sonra babam, şimdi de Murat ağabeyle vedalaşmıştık. Bu kadar vedalaşma benim yaşımda olan bir çocuk için çok fazlaydı. Binanın bir alt katında, iki göz odalı, ışık girmeyen küçük bir kapıcı dairesiydi burası. İstasyon çıkışından ta buraya kadar uzanan deniz kokusu yerini rutubete bırakmıştı.

Ablam binada kapıcılık yapıyor, eşi ise yine adını sonradan öğrendiğim Teşvikiye adında bir semtte, amcamın damadı Ahmet Vural ile ortak bir bakkal dükkânı işletiyorlardı. Evine vardığım ablam dahi olsa yalnızlığın ilk gecesi her şeyden zor gelmişti. Yastığım, yattığım döşek, karanlığa bakan o pencere... Bu koca binanın en alt katında kendimi sıkışmış gibi hissediyordum. Her soluğum bana yalnız kalmışlığımı hatırlatıyordu. Ama ideallerim ve hayallerim her zor gecenin üstesinden geliyordu.

Ertesi gün sabah erkenden güne başladım. Ablamın bütün yükünü sırtından aldım. Apartmandakiler seslendiği anda fırtına gibi gidip istenilen siparişleri eksiksiz tamamlıyordum. Apartmandakilerin siparişlerini ve istedikleri her şeyi yaptığım için bana yavaş yavaş alışmaya başlamışlardı. En ufak bir ihtiyaçta, "Davut!" diye seslendiklerinde kapılarında beliriyordum. Kasaptan, manavdan ne istiyorlarsa ânında alıp getiriyordum. Akşamları çöpleri topluyor, bütün ihtiyaçlarını temin ediyordum. Arada bahşiş verenler oluyordu. O bahşişlere bile dokunmadan ablama teslim ediyordum. Ablama artık bir yük değil, onun eli kolu olmuştum.

Birkaç ay böyle geçtikten sonra kendi kendime, 'Bu böyle nasıl olacak?' diye düşünüyordum. Sadece ablama yardım etmek için görevlendirilmiş, köyden getirilmiş bir maraba gibiydim. Öyle hissediyordum. Bu yaptıklarım, beni kendi adıma kurduğum hiçbir hayale taşımayacaktı. Ablam bana evini açmıştı. İki gün içinde bütün işleri ben yapmaya başlamıştım. Aldığım bahşişleri bile ablama veriyordum. Bundan şikâyetçi değildim ama kendimi sürekli 'Sen ne yapacaksın?' sorusuyla karşı karşıya bırakıyordum.

Bu süreçte de annem sürekli köyden İstanbul'a gelenlerle haber yolluyordu. "Çocuğu bir zanaata koysunlar, bir mesleği olsun," diye... Yolladığı haberler neticeye ulaşmayınca bu sefer de mektup yazıyordu. Israrla kendisinin akrabası olan Mevlüt Dönmez'in marangoz atölyesine beni işe koymalarını, kendisinin Mevlüt Dönmez'le konuştuğunu söylüyordu. İlk başta ablamlar bu duruma sıcak bakmayıp alıştıkları bu rahatlıktan vazgeçmek istemiyor, annemin sözlerini dikkate almıyorlardı. Ama annemin, "Bir zanaat öğrenmeli, en azından bir mesleği olsun," ısrarı hepsine galip gelmişti.

Sonunda Mevlüt Dönmez amcamın yanında Çarşıkapı'daki marangoz atölyesine beni verdiler. Onun işine yarayacak bir eleman olmasam da annemin hatırına orada çıraklığa başladım. Marangoz Laleli'de kapıcı dairesine yaklaşık altı yüz metre mesafedeydi. Kendime bir yol güzergâhı seçmiştim. O yoldan hiçbir yere sapmadan işe gidiyor, akşamları aynı yolu kullanarak başka bir sokağa sapmadan biraz da kaybolma korkusuyla geri dönüyordum. Mevlüt amcanın dört çocuğu vardı. Hepsi yanında çalışıyordu. Beni de çocuklarından ayırmadan hepimizi aynı disiplin ve ayrım gözetmeksizin eşit çalıştırıyordu. Beni bırakın, çocuklarını diğer işçilerden bile ayrı tutmuyordu.

Atölyede çalışırken öğlenleri yemek saatinde yemeğimi bazen bedavaya getirirdim. O yıllarda, belli dönemlerde seyyar satıcılar boyalı haşlanmış yumurta satardı. Bazıları sırf eğlencesine yumurtaları alıp ellerinde tokuşturururdu. Kim, kimin yumurtasını kırarsa onun yumurtasını alıyordu. Ben de bu yumurtalardan nasibimi alır, ekmeğimin arasına koyar, bir güzel afiyetle yerdim. Öğle yemeğimi bu sayede bedavaya getirirdim. Fakat bu her zaman böyle olmazdı. İşin ucunda kaybetmek de vardı. Bazen yarışı kaybeder, aç kalırdım.

Hafta sonu gelip çattığında Mevlüt amca, bana küçük de olsa bir yevmiye vermişti. Haftalığımı almış, kendi paramı kazanmanın hazzıyla ilk kez tanışmıştım. Paydos ettikten sonra yine kendi bildiğim yoldan hiç sapmadan evin yoluna koyuldum.

Ablamların kapıcı dairesine geldim. Kapının açık olduğunu fark ettim. 'Herhâlde servise çıkmışlardır,' diye içimden geçirdim. Fakat içeriye girdikten sonra başımdan aşağıya kaynar sular dökülmüştü. Şok oldum. Ev bomboştu. Ne bir eşya ne bir not, evde hiçbir şey yoktu. Uzun süre durumu algılayamadım. Öylece kalakaldım. Biri çıkar, gelip beni alır diye bir süre bekledim. Hâlâ beni bırakıp gittiklerini aklım almıyordu. Kazandığım o ilk yevmiye bile beni mutlu etmiyordu. Hiç kimse bu çocuk ne yapar ne eder diye düşünmemişti. Onlar için hiçbir şey ifade etmiyordum. Hüsnü ağabeyimin başına gelenler bile onlara bir ders vermemişti.

O an, içimdeki yalnızlık ve çaresizlik duygusu daha da derinleşti. Ne yapacağımı bilemez halde, çaresizce etrafı gözlemledim. Her yer sessizdi, yankısız bir boşluk gibiydim. Kendimi terk edilmişlik ve hayal kırıklığı içinde buldum. Kalbimde büyük bir boşluk açılmıştı. Sanki her şey birdenbire yerle bir olmuştu. İnsanların nasıl böyle acımasız olabileceğini anlamakta güçlük çekiyordum. Terk edilmiştim, gözden çıkarılmıştım. Gözyaşlarımı tutamadım. İstemsizce yanaklarımdan akan gözyaşlarıma engel olamıyordum. Düşüncelerim karmakarışıktı. Neden beni hiç düşünmemişlerdi? Neden bana hiçbir açıklama yapmadan terk edilmiştim? İçimdeki acı ve hüzün beni sarıyordu. İçimde boşluk ve kaybolmuşluk hissi vardı. Gözlerimdeki yaşlar sanki beni güçlendirmek için akıyordu. Henüz on üç yaşımdayken insanoğlunun ilk acımasızlığıyla karşı karşıyaydım. Gözyaşlarımı silip içimdeki gücü toplamaya çalıştım. Hayatta mücadele etmek zorundaydım. Bir şekilde ayakta kalmalı, yaralarımı sarmalıydım. En başından bu işin bu kadar kolay olacağını düşünmemiştim zaten. Zorluklarla dolu bir dünyada kendimi yeniden inşa etmek için kendimi bırakmamalıydım.

Boş evin sessizliğinde kaybolurken ve ne yapacağımı düşünürken yukarıdan gelen, "Davut!" sesiyle irkildim. Kocası Türk, kendisi Alman olan bir kadın vardı. Apartmanda en çok bahşişi o verirdi. O yüzden onun sesini diğerlerinden ayırt edebiliyordum. Gözyaşlarımı silip hemen yukarı çıktım. Ne istiyorsa siparişlerini hemen alıp hızlıca kendisine teslim ettim. Bahşişimi de alınca en kötü ihtimalle kendimi biraz da olsa güvende hissettim.

# X

Ablamların Teşvikiye'de bir bakkal dükkânları olduğunu duymuştum. Aklıma birden oraya gitmek geldi. O an cesaretimi toplamaya başladım ve daha önce hiç cesaret edemediğim ana caddeye çıkma kararı aldım. Çaresizdim. 'Ya gittiğimde bulamazsam ya başıma bir şey gelirse' diye tedirgindim. Adının Teşvikiye olması dışında hiçbir şey bilmiyordum. Ömer enişte ve Ahmet Vural'ın isimlerini söyleyerek koca semtte onları aramak için Laleli'nin ana caddesine cesaret edip çıktım. Caddede orta yaşın üstünde olan bir amcaya Teşvikiye semtine nasıl gidebileceğimi sordum. Amca bana durağa kadar eşlik etti. Benimle otobüs gelene kadar bekledi. Otobüs geldiğinde, "Buna bineceksin," diyerek beni otobüste bilet satan adama teslim etti. Adamı da sıkı sıkı tembihledi. Otobüs camında sıra sıra evleri, sokakları, insanları izleyerek nihayet Teşvikiye'ye vardım. Biletçi, "İşte geldik, burası Teşvikiye. Burada inebilirsin," dedi. Fakat yine aynı çaresizliğin içerisindeydim. Neredeydim? Nereye gidecektim? Hiçbir fikrim yoktu. Sonradan öğrendim ki indiğim yer Teşvikiye değil, Maçka'ymış.

Ben caddenin bir en sonuna, yani Nişantaşı'nın dört yoluna kadar gidiyor, tekrar aynı yolu dönerek geri geliyordum. Ara sokaklara girecek cesareti bile kendimde bulamıyordum ama bir şekilde bulacaktım. Çünkü geri dönecek bir yerim yoktu. Derken akşam oldu. Karanlık yavaş yavaş çöküyor, sokakta kalacağım korkusuyla tir tir titriyordum. Gözüme birden Teşvikiye Camii'nin karşı köşesinde bulunan bir bakkal çarptı. Oraya yürümeye başladım ve içeri girdim. Eniştemin ve ortağının ismini söyleyince, "Yan sokağa gir. İleride, köşede göreceksin. İsmi Pelin bakkal..." dedi. Ne yalan söyleyeyim içimi sevinç yerine hüzün kapladı. İşte o kadar çaresizdim ki beni bırakıp giden akrabalarımın kapısını tekrar çalmıştım.

Bakkalı hemen buldum. İçeri girdim. Bakkalın ortasında öylece durdum. Sandım ki biri bir şey söyler, seni unuttuk Davut, kusura bakma, seni geri gelip alacaktık gibi... Bu beklentim karşılığını bulamadı. Kimse benim için kaygılanmamıştı ve hiç aklımdan geçirmediğim, burada bilinçli bırakılmışım düşüncesi yüreğimi sızlattı.

Sığıntıydım ben. Verilen, söylenen hiçbir şeye belki de ses çıkarmaya hakkım yoktu. Beni nasıl unuttunuz demek geldi içimden. Diyemedim. Burada kalmak, köye geri dönmemek, hedeflerim, hayallerim hepsi dilimi bağladı. Hiç ses etmedim. Onlar da bir açıklama gereği duymadı. "Sepetler hazır. Şu apartman, şu kat. Götür bunları," diye hemen işe koydular beni.

Artık dükkânın bodrum katında kalacaktım ve bu bakkalda çıraklık yapacaktım. Bazı zamanlar lütuf ederlerse ablamın ancak kendilerine yetecek, bana asla yuva olmayacak evlerinde kalacaktım.

Bu süreç üç yıl sürdü. Üç yılın sonunda o zamanın hatırı sayılır bir borcu ile karşı karşıyaydım. Üç yıl boyunca çıraklık yaptığım, çalıştığım, didindiğim bakkaldan çıkarıldım. Borca sebep olarak da, "Babanlara şeker yolladık, sana kıyafet aldık. Bu yenildi, bu içildi," diyerek haberim olmadan borçlandırılmıştım. Ablamdır, eniştemdir, büyüğümdür diye sığındığım insanlardan nasibimi böyle almıştım.

Her işin sonu beni aynı noktaya geri getiriyordu. Heveslerimi, inançlarımı bir nebze kırmış olsalar da asla yolumdan geri dönmüyordum. Bu sefer mesleğim olmadığından köylümüz olan Mehmet Dinçer'in bakkal dükkânında işe başladım. Dükkânı Remzi Yıldırım çalıştırıyordu. Mehmet amca yaşlı ve hastaydı. Aynı zamanda radyoevinin yanında olan Kervan Saray Apartmanı'nın kapıcısıydı. Artık bu mesleği benimsemiştim. Çıraklık döneminde tecrübe ettiğim her şeyi heybemde toplayıp en azından onlar gibi bir bakkal dükkânı hayalim zihnimde oluşmaya başlamıştı. Yaşadığım tecrübeler hayallerimi, gelecek planlarımı daha da belirginleştiriyordu.

# XI

Artık on altı yaşındaydım. Elimin ekmek tutması, tek başıma verdiğim bu mücadele herkesin gözünde beni daha olgun hale getirmişti. Annem de buna dayanarak, bana olan özlemini bahane ederek yazdığı mektuplarda beni sürekli köye çağırıyordu. Ben de artık bu özlemi dindirmek, kısa da olsa yuvama köyüme dönmek istedim. Gelişi de gidişi de bir hayli meşakkatli olsa da köyüme gittim. Birkaç gün sonra ısrarla beni neden köye çağırdıklarının sebebini öğrendim. Annemler beni evlendirmek istediklerini söylediler. Yetmezmiş gibi o kendilerini her şeyden soyutlamış egoist, zengin eşraftan olan birinin kızıyla...

Benden iki üç yaş büyük, gördüğümde kalbimin, bedenimin, ruhumun titremediği biriydi. Her türlü karşı koymama rağmen kendimi dinletemedim. Daha on altı yaşındayken ve henüz aşkı, sevgiyi tadamamışken…

Kader desinler, olacağı var desinler… Adı her neyse bu istemediğim evliliğe boyun eğdim. Ailesi de ısrarla kızlarını vermek istemiyorlardı. Yaşımı bahane etseler de asıl kızlarını vermeme sebepleri yoksulluğumuzdu. Evlenseler yatacak yerleri yok demişlerdi. Söyledikleri de doğruydu. Ama kız ısrarla evlenmek istiyordu. Gelecekte karşı çıkan herkesi haklı çıkaracak bu evlilik gerçekleşti. Keşke aynı duygular bende de olsaydı fakat bende yoktu.

Düğünümüz oldu. İstemediğim biriyle evlenirken bir de istenmeyen biri oluyordum. Bu da eşim ve ailesine olan mesafemi giderek çoğaltıyor, zaten ısınmayan kalbimi daha çok soğutuyordu. Kızın akranlarının çoğu okula gitmiş, ilkokulu bitirmiş okuryazarlardı. Ama bu aile, kızlarını okula bile göndermemişler ve okuryazarlıktan mahrum bırakmışlardı.

Henüz on altımda karşı çıkmama rağmen zorla evlendirilmiştim. Bu mecburiyeti o süreçte kabul etsem de ömrüm boyunca içime sindiremeyecektim. Ama şimdi sırası değildi. Evet, evlendirildim. Ama yapmam gereken o kadar şey varken bunu düşünemezdim. Bir ömrün anlaşamadığım biriyle geçmesini düşünecek ne zamanım vardı ne de bunu düşünecek bu zamanki aklım…

Köyde bir iki ay kaldıktan sonra tekrar burnumda tüten İstanbul'a yola koyuldum. Teşvikiye'de bir pastanede işe başladım. Her işte olduğu gibi bu işin de üstesinden geliyor, esnaflığı, müşteri ilişkilerimi sağlam bir şekilde kuruyordum. Aynı semtte de bir odalı bir gecekondu tuttum. Çatısı sürekli akıyordu. Yattığım döşeği nereye koysam sanki özellikle oraya akıyordu. O akan suların vücuduma bıraktığı lekeleri hâlâ taşısam da o akan çatının altında yatmaktan hiçbir zaman yüksünmüyordum. Burada kalmanın bedelini ruhumla, bedenimle, vücudumun her zerresiyle ödüyordum.

Bu süreçte de gelen mektuplardan ilk çocuğum olan Nurten'in doğduğunu öğrendim. Öğrendiğimde o an bir tepki veremedim. Çünkü babalığın ne olduğunu henüz bilmiyordum. Ama Nurten, ilk çocuğumdu. Sırada Gülten, Vedat, Ayşe, Ayhan ve Kumru da olacaktı. Tabii bunu o zamanlarda bilmiyordum. Yalnız kaldığım her vakitte de bazı zamanlar kızımı düşünür oldum. Nasıl uyuduğunu, neye benzediğini, onu ilk kucağıma alacağımda ne hissedeceğimi merak ediyordum. Bütün meraklarım bir yana, 'ona güzel bir hayat sunabilecek miyim' diye düşünüyordum. Derken bir gün elime bir telgraf geçti. Telgrafta şöyle yazıyordu: "Baban ağır hasta. Acele gel!"

Telgrafı çeken Ahmet amca hem komik hem de şakacı biriydi. Aklımdan 'acaba şaka mı yapıyor' diye geçirmiştim. Erzincan'a direkt olarak giden bir otobüs bulamadığımdan Ankara, Ankara'dan da Erzincan'a aktarmalı olarak gittim. Refahiye'den araba tutarak köye vardım. Gece yarısıydı. Araba köye çıkamadığından beni çayın orada bıraktı. Gece yarısı zifiri karanlıkta köyüme doğru çıktım. O sırada ben köye girerken biri karşıma çıkar da ya baban öldü derse diye endişeliydim. Tek kaygım buydu.

Şükür ki durumun böyle olmadığını, babamın karyolanın üstünde yattığını gördüğümde anladım. Ellerini öptüm. Hepsiyle kucaklaştıktan sonra sonunda bu vesileyle çok merak ettiğim kızımı kucağıma aldım. Onu öptüm, kokladım. İşte o an babalığın ne olduğunu anladım. Benim babalığım yeni başlamışken bize ömrünü veren, yemeyip yediren, içmeyip içiren o güzel babama, "Neyin var baba?" diye sordum. Babam bana bacağını gösterdi. Bir taraftan içimden üç kuruşun hesabını yaparken 'bir bacak ağrısı yüzünden beni buralara neden getirdiniz' diye hayıflanıyordum. Ertesi sabah babamı Refahiye ilçesine getirdim. Burada bir sağlık ocağında hiç değişmeyen, Fahrettin Altun denilen bir doktoru vardı. Ona muayene ettirdim. Doktora, "İstanbul'dan dün gece geldiğimi, eğer bu sağlık ocağında tedavisi mümkünse bir hafta kadar burada kalacağımı söyledim. Eğer yetersiz gelecekse alıp İstanbul'a götüreyim," dedim. O sırada babama bir iğne yaptı. İğnenin etkisiyle babam kalkıp yürüdü. Doktor, bunun üstüne bir hafta burada kalacak dedi. Bir haftanın sonunda babam iyileşecek diye beklerken durumu daha da ağırlamıştı. Artık babamı İstanbul'a götürmeliyim diye düşündüm. Hastalığın çaresi nedir, bir ayak ağrısı onu nerelere götürür, neye sebep olur bilemiyordum.

Bu sırada kızım Nurten, annemin kucağında babamı görmeye Refahiye'ye gelmişti. İstanbul annemin en hassas noktasıydı. Anneme, babamı İstanbul'a götüreceğimi söylediğimde boynunu büktü. "Şifası neredeyse oraya götür," diyerek babamı İstanbul'a götürmemi kabul etmişti. Şimdi babamla hatırladığım ilk yolculuğuma maddi imkânlarım elvermediğinden sadece bir bilet alabilmiştim. Bu uzun yolculuğa ben ayakta, babam oturarak gidecektik. Annem, kızım Nurten annemin kucağında bize otobüse kadar eşlik etti. Köye geri dönmesi için bineceği o üstü açık kamyonet için üç kuruşluk parayı bile anneme verememiştim. Ben otobüsün koridorunda, babam ise yanımda koltukta, annem tam bize bakan camın kenarında, ilk çocuğum kucağında, öyle hüzünlü bir anne görüntüsü... Köye nasıl döneceğini, babamı belki son kez göreceğini, benim o halimi kim bilir nasıl kaldırdı o ana yüreği? Herkes kendi derdinde, o hepimizin derdinde... Dünyalarımı versem de o son bakışını, kederli günlerimden silsem. Keşke imkânım olsa da o güne dönüp anamın yürüyerek gittiği o yolu sırtımda taşıyarak götürsem. O pencereye yapışmış çaresiz bakışlarını mutluluğa çevirsem...

Otobüs hareket etti. Annemin gözleri camdan uzaklaşırken her şey yavaşladı, sarsıntı bitti.

# XII

Babamla birlikte uzun ve yorucu bir yolculuk sonrası İstanbul'a vardık. Yol da babamı bir hayli yormuştu. Babamı yaşadığım eve götürmem mümkün değildi. Kaldı ki evim sağlam bir insanı bile hasta edecek kadar nemli ve havasızdı. Geldiğimiz gece babamı Yedigül ablamın evine götürdüm. Başka bir şansım zaten yoktu. Fakat içim rahat değildi. Bana hiçbir zaman yuva olmayan bu evde sığıntı hissiyatım devam ediyordu. Kaldı ki hasta ve bakıma muhtaç babam için hiç yer yoktu.

Ertesi sabah babamı hastaneye götürdüm. Bir an önce onu sağlığına kavuşturup amacım babamı sağ salim köye gönderebilmekti. Hastanede babam için gerekli bütün tetkikler yapıldı. Filmler, tahliller sonrasında babama maalesef akciğer kanseri teşhisi konuldu. Yedikule Göğüs Hastalıkları Hastanesinde tedavi görmesi gerektiğini söylediler. Yedikule Hastanesine yatırdık. Sabah dokuz, akşam dokuz mesai saatlerimdi. Babamı hastaneye yatırıp işe gittim. Akşam mesai bitiminde Yedigül ablama uğradım. Eniştemin eski pijamalarını bir torbaya koymuştu. Onları da alıp hastaneye babamın yanına geldim. Akşam saat on bir buçuk gibi hastaneye ancak varabilmiştim. Gittiğimde hastanenin kapıları kapalıydı. Kapıları açmalarını rica ettim. Hatta yalvardım.

Ne yaptıysam beni içeri almadılar. Bari şu elimdeki poşeti babamın adını vererek, "Şu hastaya götürün," dedim. Kabul ettiremedim.

Babam içeride yalnız ve hasta, ben ise kapıda çaresiz. Elimde poşetle hastane duvarına çöktüm. Yıkılmıştım, hüngür hüngür ağlıyordum. O dönem başbakan Bülent Ecevit'ti. Şimdi ben değil de o burada olsaydı veya ben onun gibi olsaydım bu kapılar bana sonuna kadar açık olmaz mıydı? Çifte standartlara, yoksulluğa, kimsesizliğe her ne ise beni o duruma düşüren hepsine sitem ettim. Tekrar bir odalı gecekonduma geri geldim. Bu üzüntüm ve çaresizliğimle kendime yine aynı sözü verdim. Ben bir daha o kapıların önünde güçsüz ve çaresiz kalmayacaktım. Ölüme ve hastalığa muhakkak ki çare yoktu. Ama önümde duvar olmuş o kapıları sonuna kadar açacak, ben ve benden olanlara asla o çaresizliği yaşatmayacaktım. Babam kim bilir ne halde? Belki onu bir daha göremeyeceğim diye kafamda kurarak gözlerimde yaşla, rutubet kokan o yastığa kafamı koyup gözyaşlarımla uykuya daldım.

Babamı yatırdıktan birkaç gün sonra bizim köylümüz olan Avukat Sermet Hobikoğlu vardı. Ondan rica ettim. "Başhekime beraber gidelim. Sen okumuş adamsın. Belki senin sözünü dinlerler de babam ile daha çok ilgilenirler," dedim. O da beni kırmayıp benimle beraber başhekime geldi. Başhekim bana, "Yarın gel," dedi. Ben de, "Ben çok uzaktan geliyorum," dediğimde, "Senin geldiğin semtten ben her gün geliyorum," dedi. "Nereden geliyorum?" diye sorduğumda, "Sen Semo'nun pastanesinde çalışmıyor musun?" dedi. Pastanenin sahibi milli koşucu Semih Türkdoğan'dı. Meğer başhekim Maçka'da oturuyormuş ve sürekli siparişlerini evine ben götürüyormuşum. Bana sağ olsun, "Akşam eve gel," dedi. Hastaneden ayrıldık.

Akşam kardeşimin çalıştığı eczaneye uğradım. Eczanenin sahibi Zeki ağabeydi. Zeki ağabeye, "Benim aklım ermez ağabey. Sen sağlıkçısın. Bana eşlik eder misin? Başhekimin evine birlikte gidelim. Ben anlamazsam en azından dilinden anlar, bana izah edersin," dedim. Beraber başhekimin evine gittik. "Babanın genel durumu kötü ama biz elimizden geleni yapıyoruz," dedi. Çıktıktan sonra Zeki ağabeye, "Bunun anlamı ne?" diye sorduğumda, "İyileşecek inşallah. Tedavisi sürüyor," diye beni teselli etmek amacıyla bana kaçamak cevaplar verdi.

Yanılmıyorsam babamı hastaneye yatırdıktan on gün sonra ziyaretçi günü perşembe gününe denk gelmişti. Köyden akrabalar, İstanbul'daki arkadaşları babamı ziyarete geldiler. Aynı odada üç hasta kalıyordu. Ziyarete gelenler gittikten sonra babamın yatağının baş ucunda duran sandalyeyi çekip babamın baş ucuna oturdum. Odada tedavi gören hastaların durumu babama göre oldukça iyiydi. Onlara ilk günlerdeki durumlarını soruyor, babamın iyileşme sürecini onlarla kıyaslıyordum. Bu umutla en ince ayrıntısına kadar her şeyi öğrenmeye çalışıyordum.

'Babam da birkaç gün sonra bunlar gibi iyileşecek,' diyordum kendi kendime... Babam bu arada, "Beni sana doğru çevir oğlum," diye seslendi. Dediği gibi yaptım ve yüzünü bana doğru çevirdim. Tekrar diğer hastalarla konuşmaya devam ettim. Bir zaman geçti. Babam tekrar bana, "Duvar tarafına doğru çevir beni oğlum," dedi.

Babam zor nefes almaya başlamıştı. Gözümü de ondan almamaya gayret gösteriyordum. Bazen elini tutuyordum ki kendini güçlü hissetsin diye. Bakıyordum sadece ona. Elimden hiçbir şey gelmiyordu. Kesik kesik nefeslerini izliyordum babamın. Göğsü tavana çarpacak kadar yükselip iniyordu. Burada anlıyordu insan nefes almanın önemini. Sonra birden babam nefessiz kaldı. Babamın vücudunun rahatladığını görünce ben de anlamadan rahatlamıştım. Sonra hemşire geldi. Pamukla ağzına bir şeyler yapmaya başladı. Daha sonra hemşire bana dönüp, "Seni başhekim çağırıyor," dedi. Ben gözümü babamdan ayırmıyor, hemşirenin ne yaptığını anlamaya çalışıyordum. Başhekimin odasına çıktım. Başhekim elini alnıma koydu. O sırada bir punduna getirip bana bir iğne vurdular. Sakinleştirici olduğunu sonradan anladım. "Bir yakınının telefonu var mı?" dediklerinde onlara bir numara verecek kadar yakınım yoktu. En son eniştemin işlettiği bakkalın telefon numarasını verdim. Prosedür gereği yakınım olduğunu söyledim. İçimden 'Bana en uzak yakınlarım' diye de geçirmedim değil. Babamın rahatladı sandığım bedeni meğer son nefesini veriyormuş.

Babamın ölüsünü köye bile gömemememiştik. Belki de o da en başından beri çabaladığı İstanbul'da kalmak istemişti. Kim bilir... Babamı seven birkaç arkadaşı ve elle tutulur birkaç akrabamızla babamı Feriköy Mezarlığı'na götürdük. Babam için kazılmış derin çukura onu indirdik. Evlat olarak ona yapacağım bu son görevi onunla daha fazla vakit geçirmek için yavaş yavaş çukura indiriyordum. Artık bu dünyada yeri olmayan hoş, olsa da bu dünyanın nimetlerinden faydalanmayan cefakâr babam yalnız başına uzanıyor şimdi...

Annemi düşündüm. İstanbul'a karşı her seferindeki mağlubiyetini, her el sallayıp uğurladığının bir daha geri dönmediğini, yol arkadaşı olmadan nerede sonlanacağı belli olmayan ömrünü nasıl yaşayacağını düşündüm.

"Babam... Daha yapacakların vardı. Oğlunun rızkını yiyecektin. İstanbul'un sefasını sürecektin. Keyifle bakacaktın ömür kattığın ömrümüze. 'İnsanın babası hiç ölür mü?' derdim. Seni ölümsüz sanırdım. Aklımın ucundan geçmezdi. Hem ben ölüm nedir bilmezdim ki! Senden öğrendim işte. Aklıma her şey gelirdi de sensiz kalmak gelmezdi. İşte gittin.

Sen zaten sadece gitmek için gelmiştin. Hoşça kal İstanbulcu… Hoşça kal babam.”

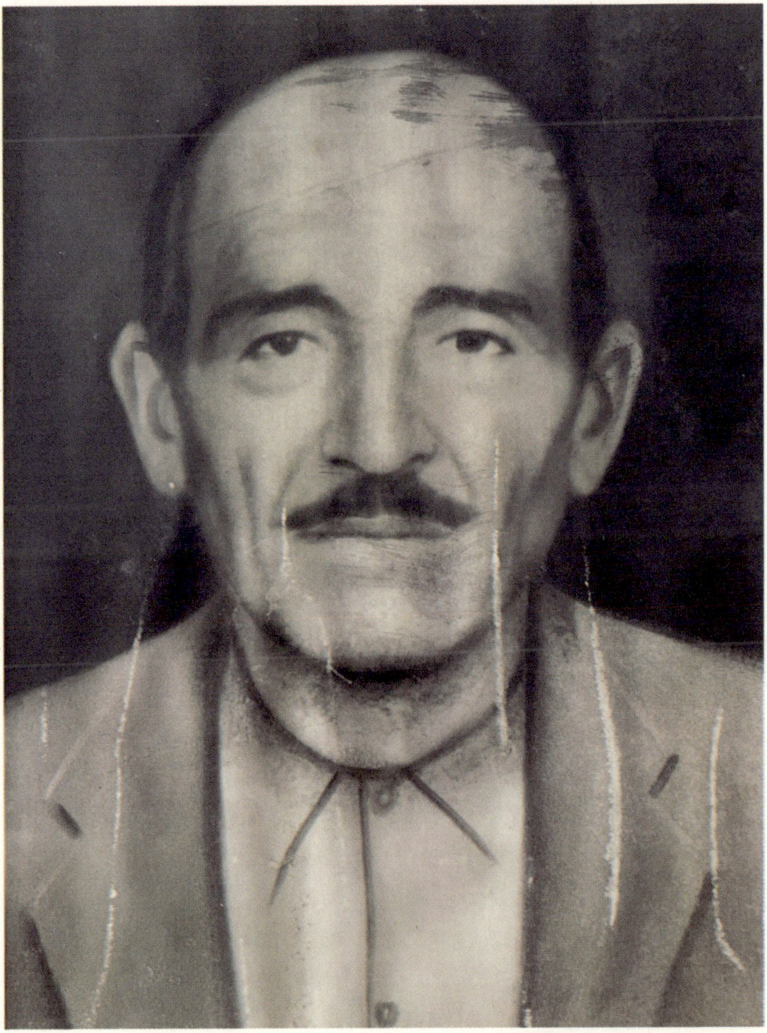

## XIII

Zaman her şeyin ilacı derler ya, babamı zamanla kafamın bir tarafında çok güzel bir anı olarak bıraktım. Sonra eski çalışma hayatıma, eski yoğun çalışma tempoma geri döndüm. Bir gün pastanede çalışırken köyden haber geldi. Celbim gelmişti ve beni artık askere çağırıyorlardı. Ben de apar topar köye gittim. Bir iki gün sonra köyümüzden ve komşu köylerden kalabalık gruplar halinde İliç Askerlik Şubesi'nin önünde toplandık. Askerlik şubesinin önünde birazdan tayinler okunacak, kimin hangi illere gideceği belli olacaktı. Ben şube başkanının yanında gidip çavuş olmak istediğimi söyledim. O da sadece lise mezunu olanların çavuş olabileceğini söyledi. Hani bütün komşularımızın toplandığı o köy evinde, hayat denilen koridorda, dinleyip de özendiğim, herkesin bahsettiği o çavuş olma hayalim daha askerliğim başlamadan şubede bitmişti.

Birazdan kimin hangi şehirde askerlik görevini yapacağı belli olacaktı. Bütün köylerden gelenlerle birlikte yaklaşık atmış yetmiş kişi olmuştuk ve şube başkanı elinde bir listeyle karşımıza geçti. "Isparta'ya gidecekler şu tarafta saf tutsun," diyerek yaklaşık on on beş kişinin ismi okundu. Ardından Sivas ve Ankara'ya gidecek olanlar da aynı şekilde başka bir tarafta saf tuttular. Komşu köylerden gelenler ve bizim köyümüzden olanlar da bir grubun içinde yer aldılar. Herkes bir yere gitti. Ben tek başıma kaldım. Bir tek benimki Antalya çıktı. Ama ben Antalya'nın ne olduğunu, nerede olduğunu hiçbir şey bilmiyordum. Arkadaşsız kalmıştım. Herkes üç beş kişi bir yere gitti. Ben tek kalmışlığımın kaygısıyla şube başkanına gidip onlarla gitmek istediğimi söyledim. Şube başkanı bana, "O arkadaşlarının çoğu ya soğuktan donacaklar ya susuzluktan ölecekler. Sen dünyanın en güzel şehrine gidiyorsun," diyerek beni azarladı. Çavuş olamayışımın hayal kırıklığının üzerine bir de yapayalnız başka bir şehre gidiyordum.

Yine ne olacağını bilmediğim bir yolculuğa çıkmıştım. Yine kara tren düdüğünü çalacak, yine sevdiklerini yolcu edenlerin elleri havada kalacak, ben buradan ilk önce Ankara'ya, oradan da otobüsle Antalya'ya gidecektim. Askerlik uzun bir süreçti. O zamanlar askerlik yirmi aydı ve yirmi ay benim hayallerimi, ideallerimi ertelemem demekti. Fakat bu askerlik engelini ortadan kaldırmam gerekiyordu.

Antalya acemi birliğine vardım. Yalnız saçlarımı merkezde bir yer bulup kestirmem gerekiyordu. 'Askerlikte saçlarını kestirirsen ıstırap çekersin' diyorlardı. Ben de nizamiyeye girmeden çarşıda bir berber bulup saçlarımı sıfıra vurdurdum ve askeriye teslim oldum. Diğer askerler aileleriyle gelmişti ve ben burada da yalnızdım.

İşlemler yapıldı ve başımızda bir askerle benim gibi otuz kırk kişi ikişer sıra halinde yürümeye başladık, ta ki yemekhaneye gelene kadar... Başımızdaki bu asker kasaturasını çıkarıyor ve şak diye yerine sokuyor. O her çıkarıp yerine soktuğunda biz yerimizde irkiliyorduk. Ben o sırada başımızda duran bu askerin çavuş mu onbaşı mı olduğunu anlamaya çalışıyordum. Fakat bir türlü çözemiyordum. Eğitim alanının yanından geçerek ilerlerken alanda benden birkaç gün önce gelen askerlere eğitim verilmeye başlanmıştı. Birden "Davut!" diye seslenen bir ses kulağıma gelmeye başladı. Fakat bu sesin geldiği istikamete, yani eğitim sahasına doğru bakmak için bile kafamı çeviremiyordum. Çünkü başımızdaki askerin kötü söz söylemesinden, küfür kelam etmesinden, hatta beni dövmesinden çekiniyordum. Çünkü yeteri kadar köyümüz büyüklerinin oda sohbetlerinde dinlemiştim. Çavuşun kudretini, tezkereden sonraki yıllarda bile bu kudretinden hiçbir şey eksilmeyeceğini anlattıkları öykülerden çok iyi biliyordum.

Ben sesin olduğu tarafa dönemeyince bu ses gittikçe bana yaklaşıyordu. Daha sonra aynı ses başımızdaki askeri azarlayarak ve benim de yanıma gelerek, "Davut beni tanımadın mı? Ben Metin," dedi ve kepini kaldırdı. Kepini kaldırdığında kim olduğunu ancak algılayabildim. Meğer bana en başından beri seslenen bu kişi Teşvikiye'de yan binanın kapıcısının oğlu, çok samimi arkadaşım olan Metin'miş ve o çavuş olmuştu. Onu gördüğüme o kadar çok sevinmiştim ki... Onu görünce yalnızlığım o an sona ermişti. Metin'in torpillisi olmak hem de daha ilk günden bana güven veriyordu. Benimle çocuk gibi ilgileniyordu. Koğuşlarda askerler iki üç kişilik yataklarda yatarken bana Metin tek kişilik yatak imkânı sunmuştu. Diğer askerlere verilen üniformalar, ayakkabılar üzerlerinde emanet gibi duruyorken Metin beni terziye götürüyor, kıyafetleri üstüme uygun hale getiriyordu. Bu da benim askerde en büyük şansımdı.

Üç buçuk ay sıkı bir eğitim sürecinden geçtik. Verilen tüm derslere ve eğitim çalışmalarına olağanüstü bir dikkatle çalışıyor, hatta geceleri bile az uyuyordum. Çavuştan kötü söz, hakaret, hatta dayak yemek istemiyordum. Çavuşu bize az bile anlatmışlardı.

Acemilik eğitimi nihayete ermiş, bu sefer usta birliği için birazdan okunacak dağıtım listesini heyecanla bekliyordum. 'Çavuş olamamıştım, bari İstanbul'a usta birliğim çıksın,' diye dua ediyordum. Umutla beklerken Edirne'ye düştüğümü öğrendim. Bir kez daha hayallerim suya düşmüştü.

İki gün yol izninden sonra Edirne İkinci Hudut taburuna teslim oldum. Bulgaristan, Yunanistan hudutlarındaki bölüklerin hepsi bizim tabura bağlıydı. Birçoğumuz o hudutlardaki bölüklere tayin olduk.

Ben ise merkezdeki hudut karargâhında kaldım. Sonra bizi takımlara ayırdılar. Başımızda takım komutanımız olan çok kaprisli ve kompleksli bir çavuş vardı. Bizden sekiz on yaş büyüktü. Bizler de artık usta asker olduğumuz için çavuşa artık komutanım deme zorunluluğumuz yoktu. Askeri hiyerarşi bunu gerektiriyordu. Fakat benimle birlikte Antalya'dan gelen arkadaşlarım, bu çavuşa hâlâ komutanım diyordu. Ve hatta ona Coca-Cola ve o zamanlar çok gözde olan Maltepe, Samsun sigaraları ısmarlıyorlardı. Ben ise bu arkadaşlarımın yaptıklarını hiç doğru bulmuyordum. 'Yani o da benim gibi, bizler gibi askerliğini yapmaya gelmiş, benimle rütbesinin dışında ne farkı var' diyor ve kendisine komutan demiyor, hiçbir şey almıyordum.

Çavuş daha sonra, "Sen misin bana diğer arkadaşların gibi davranmayan, söylediklerimi yapmayan, almayan, komutanım demeyen..." diyerek nerede ne kadar zor görev varsa beni gönderiyordu. Bu durum benim canımı sıkmaya başlamıştı. Arkadaşlarımı toplayıp bu durumu konuşmak istiyor ve yaptıklarının doğru olmadığını söylemek istiyordum. Ama kimse bunu anlayacak zihniyette değildi.

Usta birliğime geleli daha on on beş gün geçmişti. Ben bu Sami Çavuş'la günlerimin nasıl geçeceğini düşünmeye başlamıştım. Bir gün sabah içtimasındaydık. Bölük komutanımız çok düzgün, çok disiplinli bir insandı. Rütbesi yüzbaşıydı. Bize sıra açtırdı. Bölüğümüz yaklaşık dört yüz elli kişiydi. Yüzbaşımız elini arkasına bağladı ve en ön sıradan, tek tek askerlerle sorgu sual ederek sıraları dolaşmaya başladı. Ve benim bulunduğum sıraya gelene kadar bölüğün önündeki meydana bir arkadaşı çıkardı. Fakat ben yüzbaşımız ne arıyor, ne yapmak istiyor, asla bilmiyordum. Bir yanım korkuyla doluyken bir yanım da merakla doluydu. Sonra o kadar askerin içinden bir arkadaşı daha ortaya çıkardı. Ben altıncı sıradaydım. Gittikçe de sıra bana doğru geliyordu ve ben kendi kendime acaba daha kaç kişiyi çıkaracak diye merak ediyordum. Sadece şunu biliyordum ki yüzbaşının ne istediğini ancak yanımdaki arkadaşımın yanına gelince öğrenebilecektim. Yüzbaşımız sonunda yanıma kadar geldi. Yüzbaşımız yukarıda da anlattığım gibi çok düzgün ve disiplinli bir askerdi. Askerlerden tek beklentisi düzgün bir duruş ve düzgün bir tekmildi.

Yüzbaşı bana acemi eğitimde aldığımız muharebe eğitimleriyle ilgili birkaç sordu sordu. Bu soruları da hiç kekelemeden ve eminim ki tam istediği gibi cevapladım. Fakat yüzbaşının aradığı başka bir şey vardı. Bunu bir şekilde anlamıştım. Yüzbaşının bana sorduğu, "Ne mezunusun?" sorusuna hiç düşünmeden, "Lise mezunuyum," diye cevap verdim. "Hangi lise?" diye sorsaydı eğer muhakkak Erzincan Cumhuriyet Lisesi vardır diye, "Oradan mezunum," diyecektim ama sormadı. Sonra beni de o meydana çıkarıp askerin yanına çıkmamı emretti. Sonra da bölük çavuşuna bölük serbest emrini verdi. Fakat verdiğim bu cevabın başıma neler açacağını asla tahmin edemeyerek, tedirgin bir şekilde benden önce meydana çıkan askerin yanına giderek hangi okul mezunu olduğunu ve "Yüzbaşının bizi buraya neden çıkardığını biliyor musun?" diye sordum. O da bilmediğini, hukuk fakültesi ikinci sınıf terk olduğunu söyledi. İşte o an kafamdan aşağıya kaynar sular döküldü. Eyvah dedim. Ben ne yaptım? Kendimi o an suçlamaya başladım. Sen neden diğer askerler gibi her şeyi doğru anlatmadın da şimdi burada söylediğin bir yalanla acaba başıma ne gelecek diye düşünmeye başladım. Ben bu olanları düşünürken yüzbaşı bizi kendi odasına çağırdı ve "Sizi çavuş talimgâhına gönderiyorum," dedi.

Köyümüzün büyüklerinin anlattığı o çavuş hikâyelerinde kurduğum hayalin tam da ortasındaydım. Ya hayallerimi süsleyen çavuş rütbesine kavuşacak ya da burada sönen hayallerime bir yenisi daha eklenecekti. Bu sürede çavuş talimgâhında derslerime pürdikkat konsantre oluyor, eğitimcilerin ağzından çıkan her cümleyi beynime kazıyordum. Gün geldi. Sözlü ve yazılı sınavlar başladı. Bu süreç yaklaşık bir hafta kadar sürdü. Sonuçların açıklanacağı gün kurmay albayımız elinde evraklarla bizleri sınavdan kalanlar ve geçenler olarak iki bölüme ayırdı. Fakat ben hangi sıranın geçen, hangi sıranın kalan olduğunu bilmiyordum. Bir tek tahminim vardı. O da hukuk fakültesi terk olan arkadaşım karşı sıradaydı. Üniversite eğitimi aldığı için onun geçtiği tarafın kazandığını düşünmüştüm. Talimgâhtaki yaklaşık yirmi yirmi iki kişi içinden sadece altı kişi kazanmıştı ve ben de bu altı kişinin içindeydim.

Kurmay albayımız ertesi gün geldi. Kazananların onbaşı rütbesini taktı ve çavuş diplomamızı dosyalarımızla birlikte bizlere verdi. Ve herkes kendi geldiği bölüklerine dönmek üzere tümenden ayrıldı. Ertesi gün yüzbaşı, bölük çavuşuna bir tören tertip edilmesini, Davut Çavuş'un, "Terfisi takılacak," diyerek talimat verdi ve nihayet benim çavuş rütbemi taktı. Aynı gün hem bölük çavuşu ve hem de takım çavuşu olarak bana görev verdi. Çavuş öncesinde size bahsettiğim, diğer askerlerin Coca-Cola ve sigara aldığı Sami Çavuş'u görevden aldı ve beni onun yerine verdi. Ben de ilk iş olarak takım arkadaşlarımı topladım.

"Arkadaşlar, Sami Çavuş'a Samsun, Maltepe sigaraları alıyordunuz. Coca-Cola ikram ediyordunuz, hatta çavuşum demiyor komutanım diyordunuz. Şimdi ise gördüğünüz gibi ben de çavuş oldum ve artık takım çavuşunuz da benim. Dolayısıyla bana da Sami Çavuş'a aldıklarınızdan alacaksınız ve de ona dediğiniz gibi bana da çavuşum demek yok, komutanım diyeceksiniz," diye sivil hayatta anlatmak üzere baki kalacak hatıralarım olsun diye şaka yollu talimat verirdim.

Bu arada on beş günlük izine çıktım. Normal şartlarda sivil kıyafetle izine gitmeliydim. Fakat ben üstümdeki üniformayla köye geldim. Haklı gururumla köyde kim varsa üniformamla beni görmesini istemiştim. Bir çocukluk hayalime ulaşmış, kendimi mutlu hissediyordum. İstediğim zaman başarılı olacağımı yavaş yavaş kendime kanıtlıyordum. Küçük pembe bir yalan söylemiş olsam da devamında azim ve istikrarımla sınavlarımı vermiş, bir şekilde emeğimle o hakkı kazanmıştım.

Askerdeyken sivil hayatıma dair çok fazla düşünme fırsatım oldu. O hayalini kurduğum ideallerim ve hedeflerime giden yolu ilmek ilmek işliyordum. Nasıl bir yol haritası çizeceğimi kafamda tezahür ediyordum. Benim dışımda hayatımdaki, etrafımdaki kimsenin buna inancı yoktu. Ne kadar ufak başarılarımı onlara kanıtlasam da kimseyi bu konuda ikna edemiyordum. Kime dert yansam, "Cürmün kadar düşün Davut. Bu hayallere ulaşmak o kadar kolay değil Davut. Senin sorumlulukların var," diyorlardı. Zaman zaman onlara hak versem de hayallerime vurdukları her engel beni daha çok perçinliyordu. Azıcık fikrimden vazgeçecek olsam içimdeki o ses beni tekrardan ayağa kaldırıyor, inancımı sarsan her şeyi bertaraf ediyordu.

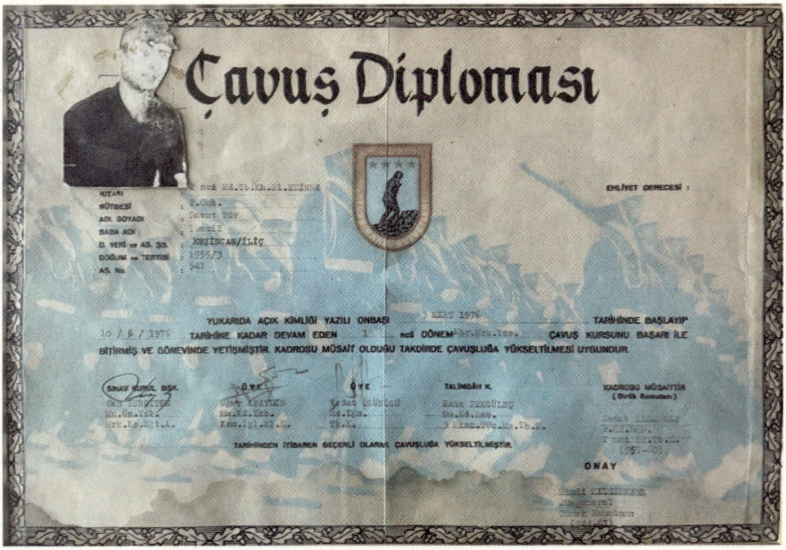

# Çavuş Diplomasi

KITASI : 
RÜTBESİ : P.Onb.
ADI, SOYADI : Davut TOP
BABA ADI : 
D. YERİ ve AS. ŞB. : ERZİNCAN/İLİÇ
DOĞUM ve TERTİBİ : 1955/3
AS. No. : 541

EHLİYET DERECESİ :

YUKARIDA AÇIK KİMLİĞİ YAZILI ONBAŞI 3 MART 1976 TARİHİNDE BAŞLAYIP 10 / 6 / 1976 TARİHİNE KADAR DEVAM EDEN 1 nci DÖNEM ÇAVUŞ KURSUNU BAŞARI İLE BİTİRMİŞ VE GÖREVİNDE YETİŞMİŞTİR. KADROSU MÜSAİT OLDUĞU TAKDİRDE ÇAVUŞLUĞA YÜKSELTİLMESİ UYGUNDUR.

SINAV KURUL BŞK. | ÜYE | ÜYE | TALİMGÂH K. | KADROSU MÜSAİTTİR (Birlik Komutanı)

TARİHİNDEN İTİBAREN GEÇERLİ OLARAK ÇAVUŞLUĞA YÜKSELTİLMİŞTİR.

ONAY

# XIV

Vatani görevimi yerine getirmiş, çavuş olarak başladığım usta birliğini bu topraklara olan sevgim ve inancımla nihayete erdirmiştim. Üç çocuk babasıydım. Askerliğini bitirip tezkere alan askerler, bilirsiniz ki soluklarını ailelerinin yanında alırlardı. Doğal olarak benim de tezkeremi alıp çocuklarımın yanına, ailemin yanına dönmem gerekiyordu. Fakat ben öyle yapmadım. Parasızlık, onlara olan özlemimi vuslata çevirmeme izin vermiyordu ve benim kaybedecek hiç zamanım yoktu. Aileme olan hasretimi yüreğime gömmeli ve hemen hiç vakit kaybetmeden o büyük iddia ve ideallerimin yoluna konulan engelleri aşmaya başlamalıydım. Bu yüzden köye gitmeden direkt İstanbul'un yolunu tuttum. Neredeyse iki yıl boyunca burnumda tüten İstanbul'a tekrar adımımı atmıştım. Sanki her şey bıraktığım gibi duruyordu.

Soluğu kardeşim Metin'in yanında aldım. Kardeşim Teşvikiye Topağacı'nda bir eczanede çalışıyordu. Bana o zamanın parası ile yüz lira harçlık verdi. Bana bundan sonra ne yapacağımı, köye gidip gitmeyeceğimi sordu. Ben de burada kalacağımı, bir an evvel bir şeyler yapmam gerektiğini söyledim. Sohbet esnasında çalıştığı eczanenin sırasında birkaç basamakla inilen küçük bir bakkal dükkânı olduğundan bahsetti. Burayı alıp bir kozmetik dükkânına çevirebilsek diye öneride bulundu. Bakkal dükkânı iş yapmadığı için sahibi devrediyordu. Aynı cadde üstünde iki tane daha bakkal dükkânı vardı. Bu yüzden iş yapma imkânı biraz zordu. Bu sebepten kozmetik dükkânı kardeşime daha mantıklı gelse de benim için orası bakkal olarak çalıştırılmalıydı.

Kardeşimle birlikte bu bakkal dükkânına gittik. Dükkân sahibi bizim gibi Erzincanlıydı ve aynı zamanda bakkal dükkânının sırasında bir apartmanda ailece kapıcılık yapıyorlardı. Bakkal sahibi ağabeyimizle bir yandan sohbet ederken bir yandan da gözlerimle bakkalın içini inceliyor, rafların hallerini, eğer bu dükkânı devralırsam neyi, nereye koyarım diye kafamda canlandırıyordum. Dükkân bir hayli kötü durumdaydı. Raflar bomboş, şişmiş konserveler, günü geçmiş ürünlerle doluydu. Dükkân sahibine günde kaç ekmek sattığını sorduğumda net bir cevap veremedi. Oysa bir bakkalın iş yapıp yapmadığı sattığı ekmekten anlaşılırdı. Bundan haberi yoktu.

Dükkân sahibiyle biraz pazarlık yaptıktan sonra o zamanın parası altmış bine el sıkıştık. Ama benim cebimde kardeşimin verdiği yüz liradan başka para yoktu. Dükkân sahibiyle anlaştıktan sonra bu parayı nasıl toparlayacağımı kara kara düşünmeye başladım. Bir A4 kâğıdını elime alıp yazdım.

Teşvikiye'de bir bakkal dükkânı devralacağımı, aşağıda yazdığım isimlerden bu parayı borç olarak kendilerinden istediğimi, altına kişilerin isimlerini, isimlerin karşısına kimden ne kadar istediğimi ve ne zaman geri ödeyeceğimi, köylülerimin, hemşerilerimin ve akrabalarımızın gıyabında bir liste oluşturdum. Esnaflık yapan, gelirinin yüksek olduğunu düşündüğüm insanlardan bin lira... Diğerlerinden ise beş yüz lira... Altmış bin lirayı tamamlayacak şekilde istedim.

Bir kişiden dahi olumsuz bir cevap almadan parayı topladım. Dükkân sahibine teslim ettim ve dükkânı devraldım. Fakat bir sorun daha vardı. Neredeyse bir altmış bin lira daha lazımdı. Çünkü dükkânın içinde satacak neredeyse hiç mal yoktu. Oturdum ve bir liste yaptım.

Çıraklık zamanında tanıdığım Rami'de bulunan bir toptancıya gittim ve durumu izah ettim. Senet yapmak kaydıyla bir kamyon dolusu malı dükkâna getirdim. Diğer dükkânlar yüzünden o muhitte satış yapmak çok zordu. Kaldı ki iki üç kere iflas etmiş bir bakkal devralmıştım. Diğer bakkalların oturmuş müşterileri, sınırsız servis ve yılların verdiği tecrübeleriyle onlarla rakip olmak kolay olmayacaktı. İlk olarak ekmek satışını arttırarak dükkânın masrafını çıkarmalıydım. İkinci olarak da diğer dükkânların açılış ve kapanış saatleri dışında da açık olmalıydım. Sabah diğer dükkânlardan birkaç saat erken açıyor, akşam ise birkaç saat geç kapatıyordum. Amacım o saatlerde gelen müşterileri kendi dükkânıma çekip onları daimi müşterim yapmaktı. Nitekim bu planım işe yaramış, üstüne müşterimle kurduğum sıcak ilişkilerim, onların müdavimi olduğu bir dükkân olmamı sağlamıştı.

Bakkal dükkânımın karşısındaki apartmanda oturan yaşlı bir karı koca vardı. Muzaffer amca ve Türkan teyze... Bunların bir de dünyalar güzeli kızı vardı. İsmi Nermin'di. Müthiş bir aileydiler. Kızları ise çok terbiyeli, hanım hanımcık bir genç kızdı. Kendileri müşterimdi ama sıcak bir komşuluk ilişkisi kurmuştuk. O zamanlar yirmi iki yaşındaydım ve o yaşa kadar karnımda kelebekler henüz uçmamıştı. Samimiyetimiz ilerledikçe bu kıza karşı hislerim yoğunlaşıyor, ne zaman görsem kalbimde ufak bir çarpıntı hissediyordum ama imkânsız olacak olan bu bağı kurmaya hiç yeltenmiyordum. Evliydim. Üç tane çocuğum vardı. Önüme engel olacak, beni yolumdan alıkoyacak hiçbir duyguya meyletmemeliydim. Kendime haddimi bildirip bütün duygularımı bastırdım ve ondan yavaş yavaş uzaklaştım. Yaşanmamış sayarak Nermin'i geçmişimde bırakmıştım. Ona da hiçbir zaman bunu itiraf etmedim.

# XV

***İki darbe arasında...***

1970'lere damgasını vuran iki şey vardı. Birincisi o zamanlar anarşi diye tabir edilen siyasi şiddet eylemleri, ikincisi ise ekonomik kriz ve Türk halkının yeni tanıştığı enflasyon kavramıydı. Öyle bir hale gelmişti ki ilk önce üniversitelerde başlayan bu çatışmalar bir hastalık gibi tüm ülkemize yayılmıştı. Türkiye mahalle mahalle, sokak sokak, ev ev bölünmüştü. Sağ ve sol yaftası vurularak âdeta ikiye ayrılmıştı. Sokağın soldaki isimleri devrimciler, sağdaki isimler ülkücülerdi. Her iki görüşün de kendilerince savundukları tek bir şey vardı. Ülkeyi kurtarmak...

Fakülteler bir kale olarak kullanılıyordu. Sağ ve solcular burada birbirlerine giriyor, âdeta kaleyi fethedercesine davalarını güdüyor, sonra fethedenler o fakülteyi bertaraf ediyordu. İster istemez bu olay herkese bir şekilde dediğim gibi bir hastalık gibi yayılıyordu. Gördüğünüz ne varsa her şey ikiye ayrılıyordu. Buna meclis de dâhil oldu. Bir tarafta Cumhuriyet Halk Partisi, diğer tarafta Milliyetçi Hareket Partisi olarak ayrılmışlardı.

1970'lerin başlarından itibaren Türkiye'nin hemen hemen her şehrinde sağ-sol çatışmalarının başlamasıyla ülke tarihinin en karanlık günlerine sürüklenmekteydi. Özellikle 1978-1979 yıllarında tepe noktasına ulaşan sokak çatışmaları, suikastlar, faili meçhul cinayetler ve bombalı eylemler neredeyse her gün onlarca insanın hayatını kaybetmesine neden oluyordu. Ortalığın bir türlü durulmadığı, kaosun sona ermediği ve siyasilerin bu işin üstesinden gelemediği bir dönemdi. 1978 ve 1979 yılları, 12 Eylül 1980 darbesine zemin hazırlayan en önemli yıllardı.

Ülkedeki siyasi zemin zamanla sağcı-solcu olarak ikiye ayrılırken aradaki çatlak günden güne büyümeye başladı. Bu çatlak o kadar büyüdü ki kendi aralarında ayrışan bu sağcılar ve solcular silahlanmaya, hatta birbirlerini öldürmeye başladılar. Her gün kara bir güne uyanıyorduk. Haberlerin ardı arkası kesilmek bilmiyordu. Karakollar bombalanıyor, kimliği belirsiz kişiler tarafından kahvehaneler taranıyordu.

Sağdan ya da soldan içeriye alınmış insanlar grev yapıyor, aç susuz bırakılıyor ve olmazsa olmaz işkencelere maruz kalıyorlardı. Davalar bitmek bilmiyordu. O zamanda idam edilerek ölenler, sağcı ya da solcunun ne olduğunu bile bilmediği halde öldürülen çok kişi vardı. İnsanların korktuğu, hangi partiyi desteklediklerini, siyasi görüşlerini birbirlerine söylemedikleri, âdeta bir sır gibi sakladıkları dönemdi. Çünkü sağ dese soldan, sol dese sağdan bir darbe alacaktı. Bu da ölüm ya da işkence olarak sonuçlanacaktı. Bu olaylar ülkemizi büsbütün sarsarken ekonomimiz de bundan nasibini alıyordu. Devalüasyon yaşanarak Türk lirasının değeri dolar karşısında düşürülmüştü. Bu zamanda her gün bizler fakir olarak uyanıyorduk. Çünkü ertesi gün şeker, çay, tuz gibi temel ihtiyaç malzemelerine ulaşılamaz haline gelmiştik. Varlıklı olmak da çözüm getirmiyordu.

Benzin, tüp, gaz kuyruklarla dağıtılır olmuştu. Margarin ise ancak kara borsa ile bulunuyordu. Bu bahsettiğim temel ihtiyaç kuyrukları her gün daha çok uzamaya devam ediyordu. İnsanlar artık bu krizden çok yorgun düşmüştü. Elektrik yok, kömür yok, yağ yok, sabun yok, tuvalet kâğıdı bile yoktu.

İşte, ben de tam bu anlattığım zor zamanlarda bir bakkal dükkânı devralmıştım. Bu kriz ânını nasıl fırsata çevirebilirim, hem de bu insanların ihtiyaçlarını nasıl karşılayabilirim diye düşünmeye başladım. Tabii fırsata çevirme mantığım asla kara borsa fiyatlarla, insanları zor duruma sokacak fiyatlarla ürünlerimi satmak değildi. Yukarıda da anlattığım üzere birçok temel ihtiyaç malzemeleri yağ, tuz, şeker, çay, hiçbir şey yoktu. Benim amacım bakkalıma bu ürünleri nasıl temin edebilirimi bulmaktı. Fakat bu ürünleri temin edecek tek kuruş param bile yoktu. Bunları düşünürken ayrıca gazetelerde, radyolarda ölüm haberlerinin çoğalması beni iyice demoralize ediyordu. Neye üzüleceğimize şaşırmıştık artık.

Bir akşamüzeri hava kararmaya yüz tutmuşken birkaç el silah sesi duydum. Hemen koşarak dışarı çıktım. Silah sesinin nereden geldiğini anlamaya çalışıyordum. Birkaç dükkân ilerisinde manav dükkânı olan bir ağabeyimizin kanlar içinde yerde yattığını gördüm. Hatta onu vurup kaçanları da arkalarından görmüştüm. Bu acı olay, ileriye dönük faaliyetlerimin, gelecek umutlarımın yerini korku ve endişeye bırakmıştı. Gece geç saatlere kadar dükkânı açık tutuyordum. Aynı durumla karşılaşmak hepimiz için an meselesiydi. Hep gazetelerde gördüğüm ölümler artık burnumuzun dibindeydi ve istinasız hepimiz ülkenin karanlık bir döneme gidişine tanıklık ediyorduk. Ertesi gün her zamanki gibi gece geç saatlere kalmış, tedirgin bir bekleyişle çalışıyordum. Komşumuzun kanlar içindeki hali gözümün önünden gitmiyor, ölüm ve korkunun soğukluğu bütün sokakta hissediliyordu. Sonradan öğrendiğim kadarıyla ölen komşumuz Milliyetçi Hareket Partiliymiş ama biz onun hiçbir partizanlığını görmemiş ve duymamıştık. Ben Adalet Partiliydim. Süleyman Demirel'in partisini tutuyor ve ona sempati duyuyordum. Ama bu konularla ilgili kimseyle konuşmuyor, esnaf oluşumdan dolayı da tarafsız gözükmeyi daha doğru buluyordum.

Bir gece dükkâna iki kişi geldi. İkisi de benim yaşlarımda fakat müşteri olmadıkları her hallerinden belliydi. Birisi dükkânın basamaklarının başında kollarıyla dükkânın kapısını tamamen kapatmıştı. Dükkâna işimiz bitene kadar kimse girip çıkamaz der gibiydi. Diğeri ise kasaya doğru yaklaştı. Elinde bir numara yazılı olan kâğıdı bana uzattı. "Bu kapı numarası hangi binaya ait?" diye sordu. Ben de, "Bizim kapının numarası bu olduğuna göre bu numara daha aşağıda..." dedim. Bunun üzerine dükkânı kapatmamamı, birazdan yine geleceklerini söylediler. Çok tedirgindim. Bir an için onlar gelmeden dükkânı kapatıp gitmeyi düşündüm. Fakat bugünün yarını da vardı.

Kısa bir süre sonra tekrar geldiler. Yine içlerinden biri içeride, diğeri dışarıda bekliyordu. İçeri giren kişi, "Telefon açacağım," diyerek telefona doğru yaklaştı. Bir numara çevirdi. Telefonda karşı tarafa söylediklerini duyuyordum. O da duyulmasından çekinmeyecek kadar yüksek sesle konuşuyordu. Karşı tarafa, "Sayın başkanım, verilen adrese geldik. İsmi uyuyor ama soyadı uymuyor. Bir emriniz olacak mı?" diye sordu. Fikrimce âdeta bir adam öldürmek için buraya gelmiş, öldüreceği kişinin adresini arayan, iki militandı. Telefonu kapattıktan sonra dönüp bana nereli olduğumu sordu. Erzincanlı olduğumu söyledim. Bunun üzerine, "Beni tanıdın mı?" deyince tanımadığımı söyledim. Yıllar sonra öğrenecektim tanıyamamakla nasıl kusur ettiğimi... Yıllar sonra karşıma herkesin tanıdığı bir belediye başkanı olarak çıkacaktı. Çıkartıp bana kartvizitini uzattı ve ekledi, "Bu dükkâna maliyeden, karakoldan, velhasıl devletin herhangi bir dairesinden kim gelirse benim sana verdiğim bu kartı göster," dedi. İlave olarak da, "Bu karta rağmen bir işlem yaparlarsa o işlemi yapanın adını, adresini bana getir," dedi ve çıkıp gittiler.

Dükkândan çıkmalarıyla derin bir nefes aldım. Sonra uzattığı kartvizite baktım. Cumhuriyet Halk Partisi'nin Şişli Gençlik Kolları başkanı olduğunu gördüm. Olsa olsa askerde en alt rütbe olan onbaşı gibi bir şeydir dedim kendi kendime... 'Bu siyasetin onbaşısı devletin her kurumuna sözünü geçiriyorsa bunların en başı kim bilir neler yapıyordur,' diye düşündüm. Sonra kendimi sorgulamaya başladım. Sen burada sadece bireysel nefsini, aileni ve çocuklarını düşünüyorsun. 'Bu memleket, bu devlet için ne yapıyorsun' diye kendime sordum. Bu insanlar gibi ben de bu memlekete hizmet edebilirdim. Hayat koridorunda hedeflerimden biri de bu değil miydi? Diğerleri olduysa bunun olmaması için önümde hiçbir engel yoktu. İnsanlığa hizmet etmek zaten yaradılışımın bir parçasıydı.

Kendim ve ailemden sorumlu olmak beni tek başına mutlu edemezdi. Bütün bir gece bunu düşündüm. Belki dükkânıma davetsiz gelen o iki adam bunun başlangıcıydı ve gecenin ilerleyen saatlerinde bir karar aldım. Siyasetten ben de nasibimi almalıydım. Gerekirse bu millet için üzerime düşen ne görev varsa yerine getirmeli, her şeyi yapmaya hazırdım. Çünkü hem bakkalımın işletilmesi için hem de bu ürünleri temin edebilmem için siyasi bir kimliğimin olması lazım diye düşündüm. Ertesi gün dükkânımı rica minnet birine emanet ettikten sonra Adalet Partisi'nin Şişli şubesine gidip kaydımı yaptırdım. Adalet Partisi il başkanı olan Hüsamettin Cindoruk'un makamına çıktım. Benim de bu partiden olduğumu ve Teşvikiye mahallesinin delegesi olduğumu söyledim. Bir bakkalımın olduğunu ve şeker ihtiyacımın olduğunu söyledim ve kendisinden ricada bulundum. O da İstanbul Vali Muavini Tahir Tortop'a telefon açtı ve beni de ona yönlendirdi. Daha sonra Tahir Bey'in yanına gittim. Kendimi tanıttım ve şeker ihtiyacım olduğunu söyledim. O da Adapazarı Şeker Fabrikası genel müdürünü arayarak iki kamyon şeker verilmesini rica etti. Bu sayede şekerleri temin etmiştim fakat her zamanki gibi bu şekerleri alacak param yoktu. İki kamyonun bedeli yedi yüz altmış bin liraydı. Biraz düşündükten sonra aklıma Kasımpaşa'da toptan gıda işi yapan Ahmet ağabey geldi. Kendisini aradım ve "İki kamyon şeker temin ettiğimi, bu iki kamyon şekerin satış fiyatı üzerinden yarısının kârı benim, yarısının da senin olmak kaydıyla eğer kabul edersen Adapazarı'na gel, gelirken de yedi yüz altmış bin lira getir," dedim ve telefonu kapadım.

Hemen otobüsle Adapazarı'na yola çıktım. Oraya vardığımda da gördüm ki iki kamyon şeker hazır halde beni bekliyordu. Ahmet ağabey geldi. Yanında getirdiği yedi yüz altmış bin lirayı vezneye yatırdı ve kamyonlar İstanbul'a gitmek üzere yola koyuldu. İçimde oluşan sevinç ve heyecanla biz de Ahmet ağabeyin Kasımpaşa'da bulunan deposuna doğru yola koyulduk. Depoya vardığımızda şekerleri depoya boşalttık. Ben iki kamyonun yarısının kârı ne kadarsa hesapladım ve onun karşılığında yine şeker alarak Teşvikiye'deki dükkânıma geldim. Unkapanı'ndaki bir toptancıdan da bir araba dolusu çamaşır suyu aldım ve onları da dükkânıma getirdim. Dükkânıma getirdiğim şekerlerimi birer kilo olacak şekilde naylon poşetlere koydum ve raflara dizdim. Bir kilo şeker alana yanında çamaşır suyu almalarını zorunlu kılıyordum. Dükkânımın eksikleri ve insanların temel ihtiyaçlarını karşılamak için para kazanmak zorundaydım. Bunu yapmamın sebebi ise kâr marjımı arttırmak ve tekrar ürün temin edebilmekti. Şeker dediğim gibi zor bulunan bir şeydi. Olmayan bir ürünü ben insanlara temin etmiştim ve onların şeker var mı sorularını asla geri çevirmiyordum.

Kriz durumundayken fırsata çevirdiğim şeker alışverişinden sonra ticari zekâmı kullanarak insanların neye ihtiyacı olduğunu anlamaya çalışıyordum. Kuyruklarda, kara borsada satılan malzemeleri ben kendi çabamla bakkalıma kadar getirebiliyordum. Ahmet ağabeyin parası olmasına rağmen benim bulduğum ürünleri bulmakta zorlanıyordu. Bütün toptancılar gibi o da ürün bulmakta zorluk çekiyordu. Namım benden önce gitmiş olacak ki girişimciliğim, mal temin etmekteki becerim ve pratik zekâm bütün toptancılar arasında hızlıca yayılmaya başlamıştı. Çünkü hepsi benimle çalışmak istiyordu.

Bir gün hemşerilerimizin vefatı nedeniyle Feriköy'deki bir camiye cenaze namazı için gittim. Dönüşte Kurtuluş Caddesi'nden inerek dükkânıma doğru yürüyordum. Yanımda da eniştem Ömer vardı. Onunla sohbet ederek yürürken sokağın başındaki marketin içi alabildiğine dolu ve kapısının önünde de koli koli ayçiçek yağları olduğunu gördüm. O zamanlar size anlattığım gibi yağ yoktu. Kimse yağ bulamıyordu. Bu marketin önünde gördüğüm yağ da 'Salat' marka yağ idi. Fakat bu yoklukta ne marka olduğuyla kimse ilgilenmiyordu. Ben bu yağları görünce, "bakkalımda ben de satarım" düşüncesiyle marketin içine girdim. "Ne kadar yağ alabilirim?" diye sordum. Uygun bir şey söyleseydi bütün yağları alıp dükkânımda kar amaçlı satacaktım. Market sahibi sadece bir koli alabileceğimi söyledi. Ben de o an bunları düşünürken bir yandan da, "Hepsini alabilirsin dese nasıl alacağım, para mı var" diye kendime sormadan edemedim.

Kafamı çalıştırmaya koyuldum. Bu adam kriz zamanında bu kadar yağ satın almış. "Ben neden getiremeyim?" diye kendime sorarken bir taraftan market sahibine bu yağları nereden aldığını sordum. O da bana fabrikasından aldığını ve yerinin de Tekirdağ'da olduğunu söyledi. Bunun üzerine fabrikanın adresini, telefon numarasını, sahibinin adını aldım ve hızlıca bakkalıma gitmek üzere marketten tek bir yağ almadan çıktım.

Yanımda Ömer eniştem vardı. Birlikte bakkal dükkânıma gittik. Aldığım Salat yağı fabrikasının numarasını çevirdim. 'Yıldırım' bir telefon yazdırdım. O yıllarda ilk olarak santral aranır, aranacak kişi için sıraya girilir ve santralin geri araması beklenirdi. 'Yıldırım' şeklinde not tutturulmaması halinde bu süre yarım saati bulurken 'yıldırım' yazılınca on beş dakikada arama yapılabilirdi. Ben de o yüzden 'yıldırım' yazdırmıştım. Bu sayede hemen geri dönüş oldu ve telefon bağlandı. Karşımdaki kişi Salat Yağı fabrikasının santral memuresiydi. Ben Salat Yağı fabrikasının sahibiyle görüşmek istediğimi söyledim. "Kim görüşmek istiyor" diye sorduğunda ise yol boyunca planladığım ve zamanında Adalet Partisi'nin Şişli şubesinde birkaç kere görmüşlüğüm olan 'Çanakkale Milletvekili Mehmet Emin Çatalbaş' aklıma geldi ve Mehmet Emin Çatalbaş olduğumu söyledim. Böyle söylemekteki maksadım ise fabrikadan yağ temin edebilmekti. Beni ciddiye almaları için bunu yapmak zorundaydım. Biraz bekledikten sonra fabrika sahibi telefona bağlandı. "Buyurun Sayın Milletvekilim, emriniz nedir?" diyerek ilk önce halimi hatırımı sordu. "Bizim ayçiçek yağı taban fiyatımızı çok düşük tuttu hükümet... Önümüzdeki yıl özellikle sizin desteğinizi bekliyoruz ve talep ediyoruz," şeklinde olan konuşmadan sonra ben de kendisine, "Şu sıralar İstanbul'da olduğumu, Ömer Sur adında da bir yeğenimin olduğunu, kendisinin market işlettiğini, bu nedenle de benim sizi arayarak yağ almak istediğini söylememi rica etti," dedim.

Fabrika sahibi ise "Ne demek Sayın Milletvekilim. Siz telefon açarsınız da ben nasıl hayır derim. Buyursun gelsin. Ne kadar istiyorsa da vereyim," dedi. Ben de "Ne zaman gelsin? Bugün gelsin mi?" dedim. "Buyursun, gelsin. Muhakkak sizi de fabrikamızda ağırlamak isterim," diyerek beni davet etti.

Karşılıklı sevgi ve selamla telefon görüşmesini sonlandırdım. Bunun üzerine parasızlık yine büyük bir problem oluşturuyordu. Yağı bulmuştum. Malı da bulmuştum ama bu parasızlık ayağıma takılan hep bir köstekti. Bu sefer Ahmet ağabeyi devre dışı bırakmak istiyordum. Hemen yeni bir plan yaptım. Komşu esnaflarımızdan ve nazımın geçtiği toptancılardan toparlayabildiğim kadar para temin ettim. Pangaltı'dan bir kamyonet kiraladım. Doğruca Tekirdağ'a gittim. Ömer Sur ile fabrikaya gittik. Ama Ömer Sur'a, yani eniştemin fabrika sahibiyle görüşmesi sırasında yağı alamamamıza sebep olabilecek bir hata yapma ihtimaline karşı onun kimliğini ben alarak, yani ben Ömer Sur olarak fabrika sahibiyle görüşmeye gittim.

Fabrika sahibi beni çok iyi karşıladı ve fabrika müdürünü çağırdı. "Beyefendiyi yemekhaneye götürüp yemek ikram edin," dedi. Bir taraftan da, "Yağları araca yükleyin, hazır olsun," talimatını verdi. Yemeğimizi yiyip mallar kamyona yüklendikten sonra biz de yağlarımızı alıp İstanbul'a dönmek üzere yola çıktık. Ve temin ettiğim bu yağları hem çevredeki esnafların gözünde prestijimi artırarak hem de müşterilerime ürünlerimi satarak oldukça iyi para kazandım. Bakkal dükkânımda işlerimle uğraşırken gelen müşterilerimin bana sürekli sorduğu bir soru vardı.

"Zeytinyağı var mı?"

Bu soruya artık 'yok' demek istemiyordum. Bunun üzerine zeytinyağı nerede bulabilirim diye araştırmaya koyuldum. Sonunda İzmir Tariş Fabrikası'nın bu konuda bana yardımcı olabileceğini düşündüm. Ama bu fabrikanın şöyle bir sorunu vardı ki Türkiye genelinde yağ bulunamadığından haklı olarak ticaret yapan toptancılara satış yapılmıyordu. Ancak ilçe kaymakamına, o ilçenin ihtiyaç olduğunu gösteren belge, ihtiyaç belgesi getirilirse yağ verilebiliyormuş. Bunun üzerine hemen İliç kaymakamıyla iletişime geçtim. Binbir türlü zorluklarla, orada memurların deyim yerindeyse ağzından girip burnundan çıkarak o istedikleri ihtiyaç belgesini aldım. O belgeyi nasıl aldım diye merak ediyorsanız Tariş'e gitmeden önce kaymakamımızla bu konuyu görüşmek ve onunla konuşmak istedim. İlk önce Ankara'ya Ticaret Bakanlığı, İç Ticaret Genel Müdürlüğü'ne gittim. Genel müdürle görüşmek istemiş olmama rağmen kesinlikle beni görüştürmediler, kaile almadılar. Ben de bunun üzerine Adalet Partisi'nin genel merkezine gittim.

Genel merkezimizde de Genel Başkan Yardımcımız Saadettin Bilgiç Bey vardı. Kendisinin yanına gittiğimde ona derdimi anlattım. "Ne istiyorsun?" dedi. "Benim Tariş'ten zeytinyağı almam lazım. İç Ticaret Genel Müdürlüğü'ne gittim. Beni görüştürmediler," dedim. Bunun üzerine de bir mektup yazdı. Yarım saat sonra o mektupla birlikte aynı genel müdürlüğe geldim. Genel müdürümüze Saadettin Bilgiç Bey tarafından mektup getirdiğimi söyleyince asla giremeyeceğim o kapılar sonuna kadar açıldı. Genel müdür beni makamının kapısında karşılayarak çay, kahve ikram etti. Sonra da biraz önce anlattığım bu prosedürü izah etti ve böylece ihtiyaç belgesini temin etmiş oldum.

İhtiyaç belgesiyle birlikte fabrikaya gittiğimde de hiç anlamadığım bir olay yaşadım. Bir kamyon zeytinyağı almam karşılığında bir kamyon da sirke alma zorunluluğum olduğunu söylediler. Zeytinyağı için sirkeleri de kabul etmiştim.

Piyasada yok olan ürünleri temin ettiğim zaman size daha önce de söylediğim gibi yolumu kesen tek bir şey vardı. O da paraydı. Zeytinyağları alırken de aynı sorunla karşılaştım. Daha önceki alışverişimizle anlaşma yaptığım Ahmet ağabeyi tekrar aradım. Bana güveni tamdı. Bu sefer parayı getirmek yerine adıma havale çıkarmıştı. Havaleyle parayı çektikten sonra parayı fabrikanın veznesine yatırdım. Parayı yatırdıktan sonra kamyonlar hemen yola çıktı. Ben de kamyonlardan bir tanesinin şoförün yanına oturarak zeytinyağı ve sirkelerle İstanbul'a yola koyuldum. Ahmet ağabeyle birlikte daha önce yapmış olduğumuz şeker ticaretinin aynısını burada da bir kamyon zeytinyağı ve bir kamyon sirkenin karını hesaplayarak karşılığında zeytinyağı ve sirke alarak dükkânıma getirdim. Öncesinde bir kilo şeker alana bir adet çamaşır suyu vermiştim. Bu seferde bir kilo zeytinyağı alana yanında sirke alınması zorunluluğu koymuştum. İkisinin de aklınız almayacak şekilde satışını yaptım ve hiç tahmin etmeyeceğim şekilde para kazanmış oldum.

# XVI

Bakkal dükkânındaki işler artık rayına oturmuş, yaptığım girişimlerle kar marjımı yükseltmiştim. Kısa sürede diğer bakkallardan daha iyi iş yapmıştım. Sene 1979, ailem ve çocuklarıma artık bir düzen kurup onları İstanbul'a getirmeliydim. Duydum ki Teşvikiye'de bir apartmana kapıcı aranıyormuş. Bunu fırsat bilip en azından barınma ihtiyacını bu şekilde karşılayabilirim diye düşündüm. Apartmanın sekizinci katında oturan apartman yöneticisi olan bir kadının yanına gittim. Bana kapıcının yapması gerekenleri saydı. Fakat bir kapıcının yapması gereken işin beş katıydı. Karşılığında hiç ücret almadan apartmanın iki kat altında olan dairede ücretsiz oturacaktım. Bu teklifi bilerek ve isteyerek kabul etmiştim. Ailemi köyden alıp onları kapıcı dairesine yerleştirdim. Eşime dönüp hiçbir işe karışmamasını, kimseye kapıcılık yapmamasını söyledim. Ben zaten bir bakkal işletiyordum. Bunu yapacak bir zamanım da yoktu.

Apartmandakiler yaklaşık bir hafta sonra bana haber yollayıp toplantıya çağırdılar. Yöneticinin dairesine çıktım. Toplantıda on iki tane kat maliki vardı. Bir kişi hariç hepsi kadındı. Bu kişi de avukattı. Yönetici bana dönüp, "Görevlerini yerine getirmiyorsun. Çocuklarını, aileni buraya getirip yerleştirdin. Hiçbir iş yapmıyorsun," dedi. Avukat olan söze girip, "Ben avukatlarıyım. Ayrıca aile dostlarıyım," dedi. Adama dönüp, "Sizin şivenizden doğulu olduğunuzu anlıyorum," dedim. "Evet. Doğru tahmin ettiniz. Elazığlıyım," dedi. Ben de Erzincanlı olduğumu ekledim.

"Doğuda avukatlara kanun adamı gözüyle bakılır. Size saygım sonsuz fakat benim durumum bu. Ben İstanbul'a bu gayeyle geldim. Namusumla, şerefimle çalışmak için. Bu apartmana kapıcı arandığını duydum. Fakat karşılığında benden yapmam gerekenin üstünde bir taleple karşılaştım. Evet. Bunu bile bile kabul ettim. Şimdi de diyorum ki bir kapıcının yapması gerekenden fazla iş yapmam. Vazifemi yaparım ve kapıcının aylığı ne ise onu isterim. Veriyorsanız kabul... Eğer vermiyorsanız mahkeme oradadır," diyerek keskin bir çizgi çektim. Böylelikle olayı mahkemeye taşıdılar.

# XVII

Bu arada daha önce de anlattığım gibi herkes bu dönemden nasibini bir şekilde almıştı. Kimisi evinden dışarı çıkmaya korkuyordu, kimisi sokak ortasında sebepsiz bir şekilde öldürülüyordu, kimisi düşüncelerini dile getirdiği için gözaltına alınıyor, tutuklanıyor ve cezaevinde hayatının hiçbir döneminde tanık olmayacak manzaralara maruz kalıp orada öldürülüyordu.

12 Eylül 1980 gecesi Türk Silahlı Kuvvetleri tarafından gece saat üçte TRT, PTT ve diğer iletişim dairelerine el konularak başlayan askerî müdahale, İçişleri Bakanlığı, Emniyet Genel Müdürlüğü, Başbakan Süleyman Demirel'in konutu ve diğer hedeflerin de sorunsuz olarak ele geçirilmesiyle saat dörtte radyolardan tüm ülkeye duyuruldu. İlk bildiride, "Girişilen harekâtın amacı ülke bütünlüğünü korumak, millî birlik ve beraberliği sağlamak, muhtemel bir iç savaşı ve kardeş kavgasını önlemek, devlet otoritesini ve varlığını yeniden tesis etmek ve demokratik düzenin işlemesine mâni olan sebepleri ortadan kaldırmak olmuştu."

Bu sebeple askerler dışarıda bir insanı görünce hemen müdahale edecek, özel izinler dışında sokağa çıkılmayacak ve evlerine hapis olan insanlar ihtiyaçlarını bile karşılayamayacaklardı. Fakat bu yasak benim için değildi. Olmamalıydı. Çünkü para kazanmamın tam zamanıydı ki ben sokağa çıkıp bakkal dükkânıma gittiğimde bana sokağa çıkmanın yasak olduğunu bir apartmanın camından bakan bir teyze söylemişti. Darbe olduğunu da bu vesileyle öğrenmiştim ve darbenin ne demek olduğunu da yaşayarak öğrendim. Bir keresinde bir asker önümü kesti ve nereye gittiğimi sormuştu. Elimle bakkal dükkânımı göstererek, "Şu bakkalın sahibiyim. Oraya gidiyorum," demiştim. Hatta yolumu kesen askeri ve diğer denk geldiğim askerleri bakkalıma davet edip onlara birkaç paket sigara veriyor, bir şekilde gönüllerini hoş tutuyordum. Kimsenin sokağa çıkmaya cesaret edemediği zamanlarda ben bakkal dükkânımı gidip açtım.

Böylelikle arabamla tıpkı hepimizin o çok güldüğü filmdeki gibi arabamın bagajına insanların ne ihtiyacı varsa onları koyup sonra kapı kapı dolaşıp insanların aşağılara sepet salarak ihtiyaçlarını karşılayabiliyordum. Mahalledeki insanlar tarafından artık tanınmaya başlamıştım. Arabamla mahalleye yanaştığımda tıpkı onların kurtarıcı bir meleğiymişim gibi bana nasıl baktıklarını görmenizi çok isterdim. Onlar için kurtarıcı bir melek olabilirdim ama ben bu şekilde hayatımı geçindirmeye, bir şekilde hayatta kalmaya çalışıyordum. Çok zorlu dönemlerdi. Ben diğer bakkal dükkânları gibi tembellik yapmıyordum. Çok çalışıyordum, bu zaman zarfında da kendimi çok fazla geliştiriyordum. Bunu da daha önce yaptığım girişimlerimde anlatmıştım. Böylece çok kısa zaman içerisinde borçlarımı da kapatmış oldum.

Günler hızlı bir şekilde ilerliyordu. Dükkânımda bazı zamanlar boş kalsam dahi kafamın içi asla boş durmuyordu. Sürekli bir şeyler düşünüyor, nasıl daha iyi kazanç sağlayabilirim, ne yapmalıyım diye sürekli kafamın içinde bir çark varmış gibi kendimi düşünmeden alamıyordum. Dükkânıma kadar gelen toptancılardan artık mal almak istemiyordum. Yani onlardan mal almak istemiyorum değil de kendime bir kamyonet alayım, toptancıların malı getirdiği yerden, yani Unkapanı'ndan malları ben gidip alayım, toptancıya verdiğim para da bana kalsın diye düşünüyordum ki öyle de yaptım. Kendime Anadol marka bir kamyonet aldım. Bu süre zarfında da artık malları Unkapanı'ndan ben alıp getiriyordum. Bakkal dükkânımda malları düzenlerken bir gün beni çırak olarak çalıştırdıkları dükkânın o günkü sahibi Ahmet Vural geldi. Biraz ayaküstü piyasalardan, gündemden konuştuktan sonra dükkânını devretmek istediğini söyledi. Uzun yıllar boyunca bu mesleği yapıp bu meslekten yorulduğunu, artık yapmak istemediğini ve eğer yapabilirse bir toptancıyla birlikte ortak iş yapmak istediğini söyledi. Ahmet Vural, bana bu teklifi yaptığında ilk başlarda çok sıcak bakmadım. Sıcak baksam bile kıyıda köşede kalan son paramla bir kamyonet almıştım. Bunlara rağmen yine dükkânı almak istesem de Ahmet Vural'ın yanında üç yıl çırak olarak çalıştığım zamanlarda bana nasıl davrandığı aklımdan henüz çıkmamıştı.

Kendisiyle bu yüzden pek alışverişim olsun istememiştim. O zor zamanlarımda ben tek başıma buralara kadar gelmiştim. Kimseden yardım almadan, kendi iradem ve zekâmla her şeyin üstesinden gelmiştim. O zamanlarda aklıma kazınmış iki isim vardı. Biri Ahmet Vural, diğeri ise Ömer eniştemdi. İkisini de gayet iyi tanıyordum. Ahmet Vural, karşımda devredeceği dükkân hakkında konuşurken ben kafamda bunları canlandırıyordum. Sonunda ağzından çıkan cümlelerin ortasında yakaladım onu. Şöyle diyordu.

"Bu dükkânı Refahiyeliler alacak, ben senin almanı istiyorum. Bu dükkânı almak sana yakışır..." gibi şeyler söyleyerek dükkânı devralmam için ısrar ediyordu. Biraz düşündüm. Sonra ileriyi düşünerek ve o an kafamda bir plan tablosu çizerek dükkânı devir almayı kabul ettim. Pazarlık yaptık ve yedi yüz bin liraya dükkânı devraldım. Dükkânın parasını vermek için daha çiçeği burnunda kamyonetimi satmak zorunda kaldım, üzerine de borçlandım. Devraldığım bakkal dükkânına girdiğimde bütün rafların boş olduğunu, tezgâhların tam takır olduğunu gördüm. Bir kamyonet parası daha olması lazımdı ki ben bu boş tezgâhları doldurayım. Boş durmayı sevmezdim. Boş iş yapanı da sevmezdim. Kollarımı sıvadım ve işe koyuldum. İlk dükkânımdaki gibi senet karşılığında mal almamda sıkıntı yoktu ve toptancıların bana kredisi sonsuzdu. Bundan dolayı olabildiğince dükkânı ürünlerle doldurmaya başladım.

Bakkal dükkânını devraldığım günün akşamında Ahmet Vural hâlâ dükkândaydı. Telefonu elime aldım. Ekmek aldığım fırını arayarak bakkalın adresini verdim ve yarından itibaren günde bin ekmek getirmesini söyledim. Ahmet ağabey dönüp, "Dört yüz tane bile satılmıyor. Bin tane ekmeği nasıl satacaksın? Delirdin mi?" dedi. Tabii saygımdan, "Sen karışma," diyemedim. Aynı gece vitrini tamamen boşaltıp fırınlardaki gibi vitrine demir raflar yaptırdım. Öyle dolaplarda, yerlerde ekmek satılamazdı. Çeşit çeşit ekmeklerle bakkala âdeta bir fırın havası da vermiştim. Ertesi gün Ahmet ağabey ziyaret amacıyla dükkâna geldiğini söylese de merakından geldiğini anlamıştım. Kalan ekmekleri göstererek, "Bin ekmekten kalan bu," dedim.

Rafta ise sadece altmış yetmiş ekmek vardı. Dükkân köşe başındaydı. Önü de taburelerle doluydu. Çıraklara o tabureleri alıp cami duvarının dibine koymalarını söyledim. Bakkal dükkânında oturmak olmazdı. Gelen alışverişini yapıp gidecekti. Satışlarım ilk günden kendini göstermişti. Fakat bu dükkânla baş başa kalınca ister istemez çocukluğum aklıma geliyordu. Çünkü bu dükkânın bende büyük bir yarası vardı. Bodrum katında yatırıldığım her noktasında acı ve hüzün olan bu bakkalın artık sahibiydim. O anları düşündüğümde zamanın ne kadar acımasız bir şey olduğunu görüyordum. Şu İstanbul'a ayak uydurabilecek miyim diye düşünürken, kapı kapı apartman dairelerini gezerken, geleceğim kafamda daha şekillenmezken şimdi burada, bu bakkal dükkânından çocukluğuma bakıyorum. Belki de bu dükkânın bende açtığı yarayı tuzlamaktan çok sarmak istiyordum. Küçük bakkalın başına kardeşim Metin'i koydum. Ben ise büyük bakkalın başına geçtim.

Bu arada da kapıcılık yaptığım apartmanın davası sonuçlanmıştı. Davayı onlar kazanmıştı. Fakat ben bu dava sürecinde kira vermeden bir buçuk yıl orada oturdum ve bu süreçte hiç kapıcılıklarını yapmamıştım. Aslında bir bakıma davayı kazanan ben olmuştum. Artık kendi evime taşınacaktım. Hep bodrum katlarında oturmuştuk ve nihayet cama çıktığımda sokağı görebildiğim, kiralık da olsa bir evim olmuştu. O kadar keyifliydim ki fakat bu keyfim çok uzun sürmemişti. Ramazan ayıydı ve bir gün hem elektrik hem de sular kesildi. Üstelik sadece bizim değil, bütün binanın kesilmişti. Sonradan öğrendik ki elektrik ve sular idaresine binanın geçmişten süre gelen bir dünya borcu varmış ve bizlerin yapabileceği hiçbir şey yokmuş. Taşındıktan tam beş gün sonra sokağı gören bu evde sürdüreceğim keyif de böylelikle kursağımda kalmıştı. Bu sebepten bir an önce bir ev bulup tekrar bu evden taşınmalıydım. Yine evden çıkıp bakkal dükkânına giderken sürekli apartmanlara bakıyordum. Her gün önünden geçtiğim apartmanın giriş katına gözüm ilişti. Boştu. Fakat bütün pencereleri gazeteyle kaplıydı.

O binanın kapıcısı bizim yakın köylümüz olan bir ağabeyimizdi. Apartmanın önünde onunla karşılaştık. "Bu daire boş mu?" diye ona sordum. Boş olduğunu ve sahibinin Hayri Kantarcıoğlu olduğunu söyledi. Daireyi bana gösterdi. İçi temiz, boyalı, güzel bir daireydi. Hayri Bey'i ilk bakkal dükkânından beri tanıyordum. Oradayken benim daimi müşterilerimden biriydi. Tanışmamız ise şöyle olmuştu. Bir gün elinde poşetlerle başka bir yerden alışveriş yapıp geldiğini görmüştüm. Tam apartmanın önüne geldiğinde elindeki yükünü alıp, "Sizinle biraz konuşabilir miyim?" diyerek dükkânımın önündeki tabureye oturması için buyur ettim. Ona elinde satın aldığı ürünlerle kendi dükkânımdaki ürünleri fiyat karşılaştırması yapmak için izin istedim. Bu talebim karşısında Hayri Bey şaşırdı. Anlatmak istediğim şey ise şuydu. "Belki bende daha ucuz, belki daha pahalı... Ne olursa olsun ben sizin kapı komşunuzum. Benim sizde komşuluk hakkım var. Bir şey olsa yardımınıza ben koşacağım. Yangın çıksa itfaiyeyi arayan ilk ben olacağım. Hırsız girse polisi de arayacak olan benim. Kaldı ki ta oralardan bu ürünleri taşıyarak buraya getiriyorsunuz. Benden neden almıyorsunuz?" dedim.

Tebessüm etti ve bu tavrım karşısında söylediklerimi mantıklı bulmuş olacaktı ki daimi müşterim olmuştu. Kendisiyle samimiyetimiz de buradan geliyordu. Daireyi gördükten sonra Hayri Bey'i aradım. Lale Apartmanı'nın giriş katının ona ait olduğunu, daireyi gezdiğimi söyledim ve yaşadığım durumu anlattım. "Bu daireye bu gece taşınıyorum," dedim. İster kira kontratı yap, ister senet yap tapuyu ver. Ne istiyorsan onu yap," dedim. İtiraz etmeden kabul etti. Aynı gece çıraklarla, komşularla el yordamıyla bu daireye taşındık.

Aradan dört ay geçmişti. Hayri Bey'den hiç ses yoktu. Tabii bu süreçte diken üstündeydim. Bir gün dükkânda otururken Hayri Bey elinde bir çantayla içeri girdi. Hemen buyur edip oturttum. Çantadan on iki tane yüz bin liralık senet çıkardı. "Satış masrafları için de üç yüz bin lira bir yerden bul. Şu gün, şu saatte tapuda ol," dedi ve Hayri Bey'i uğurladım.

Yine cebimde beş kuruş param yoktu. Bu parayı nasıl bulacağımı düşünürken bir firmanın toptancısı içeri girdi. Ona akşama kadar alacaklarını toplayıp en son bana uğramasını söyledim. Bunu yapmamın sebebi, akşama kadar toplayacağı paraları almak ve karşılığında ona üç ay sonrasına çek vermekti. Akşam paraları toplayıp geldiğinde nazımın geçtiğini bildiğimden bu teklifi sundum ve hiç tereddütsüz teklifimi kabul etti. Parayı toparlayıp Hayri Bey'in dediği gün ve saatte tapuya gittim. Başıma gelen her olumsuzluğun bana büyük bir fırsat olarak dönmesi beni müthiş heyecanlandırıyordu. Kirada oturduğum dairenin sokağa bakması bile beni bu kadar mutlu etmişken şimdi kendi adıma satın aldığım daireden o sokağa bakacaktım.

Günler geçti. Evin senetlerini günü geldikçe hiç aksatmadan ödüyordum. Fakat son senedimi ödemek için Hayri Bey'e bir türlü ulaşamıyordum. İki ay geçmesine rağmen senedi ödeyememiştim. Bir gün Hayri Bey çıkıp dükkâna geldi. Ödeyeceğim son taksiti çıkarıp verdiğimde, "O parayı cebine koy, benim adıma kendi evine güzel bir hediye al," dedi.

İki güzel sohbetle sağlam güvenilir dostluklarla bir ev sahibi olmama vesile olmuştu. Bütün güzellikleriyle hayatıma dokunmuş Hayri Kantarcıoğlu'na da bin selam olsun.

# XVIII

Böbrek taşı düşürmek isteyenlerin şifa bulduğu dolmuş şoförlüğünü yapmak hiç kolay değildi. Sabır taşı olsa çatlar insan. Müşteri el kaldırdığı yerde binmek, 'müsait bir yerde' dediğinde inmek ister. Genci, yaşlısı, sarhoşu, gaspçısı, beyefendisi, kaçak yolcusu derken dolmuşçuluk bir hayli zor meslek. O yıllarda BMC minibüsümle Beşiktaş-Sarıyer hattında dükkânı kapattıktan sonra en büyük oğlum Vedat ile bu işi yapmaya başladım. Vedat artık büyümüştü ve bir külah dondurma karşılığında benimle çalışmaya çok hevesliydi. Vedat muavinlik yapacak, ben ise bütün yolcuların canı bana emanet bir şekilde yoluma bakacaktım. Bu işi yapmak başlarda çok heyecanlıydı. Sonuçta güvenli alan dedikleri yerden bir şekilde uzaklaşmıştım. Belki de hayatımın hiçbir noktasında böyle bir mesleği yapacağımı düşünmemiştim. Sabah çok erken saatlerde bakkala gidiyordum, akşam on ikiden sonra da dolmuşçuluk yapıyordum. Bu tempoya bir şekilde kendimi alıştırmıştım ve yorulmak nedir asla bilmiyordum.

Oğlumla birlikte durakta bekler, "Sarıyer! Sarıyer'e gider!" diye bağırırken en son yolcuyu da alıp arkasından yolculuğumuza başlardık. Direksiyonun başında trafik ışıklarında dururken düşünme fırsatım çok oluyordu. İnsanları izliyordum. Onların nereye yetişmeye çalıştıklarını görmeye, anlamaya çalışıyordum. Dikkatimi arkadan gelen bir korna sesi dağıtırdı ve o insanları düşündükten sonra bir şekilde kendime dönmeyi başarırdım. 'Teşvikiye'ye cesaret edip çıkamayan adam şimdi nerelere gidiyor,' diye kendi kendime söylenirdim. Koyduğum hedeflere doğru çizdiğim yol haritasından sadece birisi buydu diyerek kendimi kazanma hırsının ortasına tekrar atardım.

Bir gün son müşteri en arka koltukta otururken hiçbir şey söylemeden bir arka koltuğuma oturdu ve "Kolay gelsin," dedi. Gözümü yoldan ayırmadan, "Sağ olasın," dedim. Sonra çocuk devam etti konuşmaya... "Ağabey ben de bu işi yapmayı istiyorum da birkaç gündür de sana denk geliyorum. Bu minibüs de baya iyi. Merakımdan soruyorum. Kaça aldın? Nereden, kimden aldın?" diye sorunca bu BMC minibüsün hikâyesini anlatmaya başladım.

Yine Teşvikiye'de daimi müşterim olan Yakup Dilmener vardı. O zamanlar hatırı sayılır bir markanın bölge müdürüydü. Genç ve zeki bir delikanlıydı. Onu çok seviyordum ve karşılıklı sohbet muhabbetimiz oldukça iyiydi. Her pazar dükkânıma gelir, birkaç saat oturur, sohbet ederdik. Her pazar gelen adam artık gelmemeye başladı. Hatta iki üç aydır adamdan hiç haber alamayınca merak ettim. Bir gün, Yakup Bey'in firmasından mal getiren adam Yakup Bey'i göremediğimi, nerede olduğunu ve onu merak ettiğimi sordum. O da bana, "Yakup Bey artık bizimle çalışmıyor. İzmir'deki BMC fabrikasının genel müdürü oldu. Bu sebeple İzmir'e gitti," dedi. Bu bilgiyi aldıktan sonra içim rahatladı.

Günler geçti ve bir pazar günü Yakup Bey, arabasını dükkânımın önüne park etti ve direkt yanıma geldi. Biraz ayaküstü sohbet ettikten sonra kendisine, "Hayırlı olsun. BMC'ye genel müdür olmuşsun," dedim. Şakayla birlikte "İki üç aydır da yanıma uğramıyorsun ki senden araba isteyeceğim diye değil mi?" dedim. Yakup Bey de, "Olur mu öyle şey? Ben şimdi İzmir'e gidiyorum. Eğer istersen sen de benimle gelip istediğin arabayı alabilirsin," dedi. İstediğin arabayı alabilirsin deyince ben bir an afalladım. Böyle bir şey söyleyeceğini asla tahmin etmedim ki ne cevap vereceğimi de bilemedim. O cümlesi bana kafamda bir sürü plan kurdurdu. Beş kuruş para vermeden bir araba sahibi olacaktım ve istediğim arabayı da alabilecektim. Bakkal işletiyordum. 'Acaba bir minibüs mü alsam? Ya da bir traktör alıp köye mi göndersem de arabanın taksiti bitene kadar köydekiler kullansa… Taksit bitince de traktör bana kâr kalırdı. Ya da halk otobüsü mü alsam? Fabrikalara servis şoförlüğü nasıl olur acaba?' diye diye kafamda milyon tane plan döndü ki Yakup Bey'e dönüp direkt, "Tamam. Ben de geliyorum ama cebimde beş kuruş para yok," dedim. Yakup Bey de, "Hiç değilse noterden yapılacak işlemlere harç parası bulundurman lazım," dedi. Ben de o günün parasıyla sadece notere harç parası miktarı kadar kasadan para aldım. Yakup Bey'in arabasıyla akşamüzeri yola çıktık ve sabaha karşı İzmir'e vardık. Sağ olsunlar İzmir Efes Otel'de bir oda ayırmışlar. Yakup Bey, Teşvikiye'deki evini henüz İzmir'e taşımadığı için o da otelde kalıyordu. Ben de onunla aynı katta kaldım.

Sabah çok erken kalktım. Birkaç saat uyuduğumu hatırlıyorum. Resepsiyona indiğimde Yakup Bey'in bana bıraktığı notla karşılandım. Notta, "Şu yerdeki fabrikaya gel" diye yazıyordu. Hemen taksiye bindim ve fabrikaya doğru yola koyuldum. Fabrikaya vardığımda Yakup Bey'in asistanı ve kendisi işinin başındaydılar. Yakup Bey beni gördükten sonra asistanına talimat verdi ve beni araçların bulunduğu bölüme indirdiler. Önümde araçları görünce yine kafamda milyon tane fikir ortaya çıktı ama en sonunda bir minibüs almaya karar verdim. Yakup Bey'e de bunu bildirdim. Yakup Bey kendi inisiyatifini kullanarak bana yapabileceği en düşük fiyattan, iki bin liradan on tane senetle minibüsü verdi. Fabrikanın akaryakıt istasyonunda minibüsün deposunu doldurdu ve ben Yakup Bey'in, "Allaha emanet ol," uğurlamasıyla İstanbul'a doğru yola çıktım.

Minibüsü İstanbul'a getirdikten birkaç gün sonra kendi taksitini ödesin diye fabrikalara servis çektirmeye başladım. Bazen servis işi olmuyordu. Aldığım minibüsün de boş durmasını istemiyordum. O an aklıma da dolmuşçuluk yapmak geldi. Eve gittim. Büyük oğlum Vedat ile dolmuşçuluk yapacağımızı ve Vedat'ın orada ne yapacağını anlattım ve biz çıktık yola... Beşiktaş'tan başlayan yolculuğumuz Sarıyer'de son buluyordu. Ben şoförlük yaparken oğlum Vedat ise müşterilerden para topluyordu.

O gün arka koltukta oturan çocuğa bu hikâyeyi anlattıktan birkaç ay sonra bir basamak olarak düşündüğüm dolmuşçuluğu bıraktım. O sıralar minibüse talip olan bir müşteri vardı. Yirmi bin liraya aldığım minibüsü, yirmi bin beş yüz liraya sattım. Geriye kalan senetleri ödedim. Beş yüz lira kârla bakkal işletmeciliğine devam ettim.

# XIX

Ahmet Vural'dan dükkânını devraldığım zaman akraba olmamız münasebetiyle ailesi ve çocuklarını da düşünerek kendisine ne iş yapacağını sormuştum. Bakkalı devredip bana toptancılarla ortak iş yapacağını söylemişti fakat dışarıdan sanki bakkalı zorla ellerinden devralmışım gibi bir hava yaratılmıştı. Olayın aslı ise böyleydi.

Aradan beş altı ay geçti. Bir gün dükkâna eczacı Zeki ağabey geldi. Bana, "Ahmet dükkânı sana devrettikten sonra çok kötü duruma düştü. Senden aldığı paraları kaybetti ve borç batağına düştü. Gel bu dükkânı ona geri ver," dedi. Ben de, "Bu dükkânı ben istemedim ki! Kendisi bana ısrarla devretti. Âdeta almak zorunda kaldım. Şimdi de ben dünya kadar borca girdim. Nasıl geri vereyim? Ayrıca neden vereyim?" diyerek bu teklifin önünü kestim. Dükkân sahibinin Sema adında evlatlık bir kızı vardı. Dükkânı devretmeyeceğimi duyunca Ahmet Vural, mal sahibinin evlatlığı Sema'yı üzerime saldı. Henüz kontrat bir yılı doldurmamışken dükkândan çıkmamı istediler. "Madem çık diyeceksiniz neden devrederken bunu söylemediniz," diyerek karşı çıktım.

Dükkânda çalışmaya başladığımda Sema Hanım'ın lakayt tavırlarına hiç müsamaha göstermemiştim. Bu durumla beraber bana karşı gardını almıştı. Tahliye etmem için ellerinden geleni yapıyorlardı. Defalarca görüştüğüm avukatlarıyla son kez görüşmeye gittim. Bana üç ay müddet verdi. Çıkmazsam altı ay içerisinde beni kapıya koyacaklarını söyledi. Adalete ve kendime olan inancımla ona son sözüm şu oldu: "Beni buradan tahliye edemeyeceksiniz."

Aynı apartmanda bir avukat vardı. Sema Hanım'la da arasının bozuk olduğunu biliyordum. Ona durumu anlattıktan sonra onu avukat olarak tuttum. Yetinmedim. Hemşehrim olan Doğu Perinçek'in babası Sadık Perinçek ile görüştüm. Sadık Perinçek, anayasa profesörüydü. Ola ki bu davayı kaybedersem Ankara'dan müdahale edebilmesi için ondan ricada bulundum. Dava süreci başlamıştı. Gerekçe olarak, "Kızımın ihtiyacı var," demişlerdi. Biz de karşılık olarak "Hayır. Kızının ihtiyacı yok," diyerek bunu belgelerle ispatlamaya çalışıyorduk. İki avukatın dışında üçüncü avukat da benmişim gibi delil bulmaya çalışıyor, bir avukat gibi iz sürüyordum.

Sema Hanım'ın kapıda duran bir arabası vardı. Fakat dava açıldıktan sonra eve arabasız gelmeye başlamıştı. Trafik Tescil Müdürlüğü'ne gittim. "Şu plakalı aracın müdürlüğünüz kayıtlarında görünüp görünmediğini lütfen tarafıma bildiriniz," diyerek bir dilekçe verdim. Cevap şöyleydi. "Bu plakalı araç, Sema Kayaaltı adına ticari taksi olarak çalışmaktadır." Hemen çıkan yazıyı avukata götürdüm. Bir üst yazıyla dosyaya eklettim.

Sema Hanım, eşinden ayrılmıştı ve bir çocuğu vardı. Emekli, dul yetim maaşını sorgulatmak için SGK Müdürlüğü'ne şöyle bir dilekçe yazdım. "Şu mahkemede görülen davama delil teşkil edeceğinden Sema Kayaaltı'nın dul yetim parası alıp almadığını lütfen tarafıma bildiriniz." Cevap olarak, "Dul ve yetim parası şu miktarda almaktadır." Yine bir üst yazıyla avukata sonra dosyaya eklettim. Sema Hanım'ın nerede çalıştığını öğrenmek için onu takibe aldım. Çalıştığı şirketi öğrendim. Mahkemeden bir yazı çıkarttım. Bu yazıyla beraber çalıştığı şirketten kadrolu olarak değil, kadrosuz olarak çalıştığını, ne kadar maaş aldığını da öğrenince bunu da bir üst yazıyla dosyaya eklettim.

Bu kadar delile rağmen içim hiç rahat değildi. Sema Hanım'ın kendi amacına ulaşmak için yapamayacağı hiçbir şey yoktu. Çok tehlikeli bir kadındı. Örnekleriyle çok defa karşılaşmıştım. Dosya lehimeydi, evet ama Sema bir yolunu bulup dosyayı aleyhime çevirir diye tedirgindim. Dosya nihai karara kalmıştı ve ben işimi şansa bırakmayı sevmiyordum. Bu dosyaya bakan hâkime gitmeye karar verdim. Eğer Sema Hanım bir iş karıştırmışsa ben de bir cesaret hâkime para teklif edecektim. Kardeşim

Metin, "Aman ağabey yapma. Bak şakaya gelmez. Seni tutuklarlar," dese de onu asla dinlemedim.

Hâkimin kapısının önündeydim. Kardeşim içeri girmemem için bana yalvarıyordu. Ama onu dinlemedim. Haksız yere ekmek teknem bozuluyor, çoluk çocuğun nafakasıyla oynanıyordu. Her şeyden önce benim için artık bu dava bir gurur meselesine dönüşmüştü. Cesaretimi toplayıp hâkimin kapısını çaldım. İçerinden, "Gel!" sesiyle kapıyı açtım. Hâkim yaşça büyük, yanında da aynı yaşlarda bir hanımefendi oturuyordu. O tok sesiyle, "Buyur evladım!" dedi. "Sizinle görüşmeye geldim Hâkim Bey," deyince, "Davalı ya da davacı mısın?" diye sordu. Davalı olduğumu söyledim.

"Seninle dava ile ilgili görüşürsem benim hâkim olarak tarafsızlığım ortadan kalkar. Bu sebeple davayla ilgili seninle görüşemem," dedi. "Peki, Hâkim Bey," dedim. "Ben buraya geldim. Sizinle dava ile ilgili görüştüm. Müspet neticemi aldım. Çıkıyorum Hâkim Bey,' diyerek kapıya doğru yöneldim. Bu sözlerimin üstüne beni geri çağıracağından adım gibi emindim.

Yüksek bir ses tonuyla, "Gel bakayım buraya! Otur bakalım şuraya! Ne demek istiyorsun sen! Ben böyle mi söyledim sana? Dava ile ilgili ağzımdan tek bir cümle çıktı mı?" diye sert çıkınca, "Her şeyi anlatayım mı Hâkim Bey," dedim. O da, "Şimdi anlat.

Dinleyeceğim seni," dedi. Böylece istediğim olmuştu. Bütün hikâyeyi başından sonuna kadar anlattım. Davacının her türlü hukuksuz ve ahlaksızlığa başvurabileceğini, kadınlığını ve imajını kullanarak bu davayı lehine çevirir diye korktuğumu, dosyamdan emin olduğumu fakat karşımdaki insanın her türlü şeyi yapacağından ötürü kaygılarımı dile getirdim. Hâkim Bey beni can kulağıyla dinledi. Sonra, "Müsterih ol ve adalete güven," diyerek beni uğurladı.

Nihai kararı öğreneceğimiz mahkeme günü gelip çattı. Bu kadar şeyden emin olmama rağmen hâlâ tedirgindim. Hâkim Bey'e onca şeyi anlattıktan sonra bile aklıma hâlâ olumsuz bir sürü şey geliyordu. Bu süreçte kendimi çok yıpratmıştım ve oldukça yorulmuştum. Heyecanla bekliyordum. Ve karar: "Davacının davasında samimi olmadığına, kızı Sema Kayaltı'nın paraya ihtiyacı olmadığına, bu sebepten dolayı davanın reddine karar verilmiştir." Dava tam üç yıl sürdü. Bana verdikleri üç ay, üç yıl olmuştu. Bu haklı gururumla mahkemeden aldığımız güzel bir haberle bakkal dükkânıma geri geldim.

Ertesi gün yağmurlu bir gündü. Yine sahip olmaktan zevk duyduğum Mercedes'imle yolda gidiyordum. Ben yol hâkimiyetimden emin bir şekilde ilerlerken sağ taraftan bir aracın kuvvetle çarpmasıyla irkildim. Bana çarpan kişi üstelik suçluymuşum gibi bir öfkeyle arabadan indi. Elinde bir tomar kartvizitle arabaya yaklaşıp elindekileri cama doğru savurdu. Saniyeler içerisinde etrafımızda bir sürü insan toplandı. Durum bu haldeyken herkesin ve çarpan adamın da beklentisi arabadan inip adamla yumruk yumruğa kavga etmemdi. Arabadan inerken inşallah ana avrat küfür etmiyordur diye temenni ediyordum. Kapıyı açtım. Arabadan indim. Adam da bana doğru gelirken bir yandan da, "Ben hukukçuyum, sana şöyle yaparım, böyle yaparım," diye tehditler savuruyordu. Ya avukat ya savcı olabilir diye kafamda tezahür ediyordum. Bir süre adamın tepkisini ölçtükten sonra kolundan tutup kendime doğru çektim ve kulağına eğilip, "İki hukukçunun şu kadar insanın önünde yumruklaşması sence doğru mu?" diye sordum. Adam bir anda buz kesti. Sonrasında kendisine gelerek arabanın camına fırlattığı kartvizitleri toplamaya başladı. Üst üste özürler dileyerek arabama binene kadar eşlik etti. Kavgayı seyretmeyi bekleyen herkesin hevesi kursağında kalmıştı. Sürekli gittiği tamirhanenin numarasını da bana verdi. Ben de kendisine ismim ve adresimin olduğu kartımı vererek oradan uzaklaştık. Ertesi gün bu adam yanıma geldi. Kartta yazan adreste bir hukuk bürosu beklerken bakkal dükkânıyla karşılaşmıştı. Onu kapıda karşıladım. Avukat olmadığımı anlamıştı. Ne maksatla avukatım dediğimi de anlamıştı. Gülerek bana dönüp, "Eğer sen hukukçuyum değil de İstanbul Emniyet Müdürü desen dahi beni o an durduramazdın," dedi. Bir ocakbaşında alkol almış ve sonrasında benim arabama çarpmıştı. Öfkeli halini ise benim söylediğim bu tatlı yalan sakinleştirmişti. İyiye ve doğruya yol açabilecek bu beyaz yalanlar, hayatım boyunca beni bazı kötülüklerden korumuştu. O gün aynı öfkeyle karşılık verseydim belki de bu oyunda kaybeden ben olacaktım. Yıllarca inşa ettiğim her şeyin bir anlık öfkelere yenik düşmesine hiçbir zaman izin vermedim. Sevdiklerime de aynı şekilde bu tutumu hep empoze etmiştim. Böyle kavgalara prim vermeden ağzımdan çıkan her cümleyi düşünerek söyledim. Atalarımızın dediği gibi, 'Sana senden olur, her ne olursa… Başın selamet bulur, dilin durursa.' Ezcümle bu belayı da tatlı bir beyaz yalanla defetmiştim.

# XX

Ben kardeşimi, kardeşim de beni çok seviyordu. Fakat ticaret yapma hususunda ben farklı düşünüyordum, o farklı düşünüyordu. Bu konuda anlaşmazlıklarımız oluyor, hatta bu anlaşmazlıklarımız bazı zamanlar farklı boyutlara taşınıyordu. Asla da ilişkimiz bozulsun istemiyorduk. Ve biz ticari ortaklığımızı ayırdık. Küçük bakkal sıfır borçla ve bir daire kardeşime, bana da köşedeki büyük dükkân düşmüştü. Böylelikle birbirimizi kırıp incitmeden sadece iş ortaklığımızı ayırmıştık.

# BÖLÜM 2

*Arkama dönüp baktığımda*
*Bir fidanın daha boy vermemiş hali*
*Şimdi ise*
*Bir ağaç*
*Gövdemde*
*Meyve vermek için*
*Bekliyor*

# I

1980 darbesinin izleri yavaş yavaş siliniyor, daha güvenli bir ortamda ve maddi anlamda biraz daha rahat nefes almaya başlamıştım. Hayallerim yavaş yavaş gerçekleşiyor fakat ben bu durumla yetinmiyordum. Gerçekleştirdiğim her hayal bana yenisine zemin hazırlatıyor, bertaraf ettiğim her engel beni daha güçlü kılıyordu. Başkalarının duvar olarak gördüğü engelleri azmimle aşıyor, artık her sıkıntının, her engelin üstesinden gelebileceğimi kendime ispatlıyordum. Geriye dönüp baktığımda o kara treni, o merdiven boşluğundaki yalnızlığımı, tavandan başıma akan suları, hastane kapısında çaresizce bekleyişimi hatırlıyordum. Şu anda ise daha güçlü, maddi anlamda kimseye muhtaç olmadan başarabilmenin huzuruyla kafamı yastığa huzurla koyduğum sabahlara uyanıyordum. Açlık ve yokluk korkusu, yerini çocuklarımın gelecek kaygısına bırakmıştı. Çocuklarım büyüyor, yaşadığım semtin Nişantaşı oluşu beni biraz ürkütüyordu. Genel kültürümüze, hayatımıza bu semtin bize fayda sağlayacağına bir şüphem yoktu. Fakat gelenek ve aile yaşam tarzımızı dönüştürme ihtimali beni tedirgin ediyordu.

Buradaki sakinlerin yaşantıları benim gelenek ve göreneklerime oldukça zıttı. Herkesin yaşantısına saygı duyuyordum ama bir baba olarak kafelerde, barlarda, çocuklarımı görmek istemiyordum. Kız çocuklarımdan daha tedirgin oluyordum. Tahtlarını yapacağımdan hiç şüphem yoktu ama bahtlarını yapamamaktı korkum.

İşim gereği akşamları geç gelişim, sabah erkenden çıkışım bayramlarda, özel günlerde bile çocuklarımla bir arada olamayışım, onları manevi anlamda doyuramayışım beni bakkal mesleğinden uzaklaştırıyordu. Eşimle çoğu anlamda uzlaşamıyorduk. Beni anlayacağını düşünmediğimden oturup onunla bile dertleşemiyordum. Her şey içimdeydi. Tek başımaydım.

Bir gün eve geldiğimde yedi sekiz tane kız çocuğu vardı evde. Türbanlı, pırıl pırıl, hanım hanımcık kızlardı. Büyük kızıma kim olduklarını sorduğumda üst sokakta oturan, aynı evde kalan Boğaziçi Üniversitesi öğrencileri olduklarını öğrendim. O kadar mutlu olmuştum ki böyle başarılı, geleceği parlak çocuklarla görüşmeleri beni bir hayalime daha kavuşturabilir diye düşündüm.

Neydi o hayallerim? Okumadım ama çocuklarımı okutacaktım. Yaradan kalbimden geçenleri duymuş gibi çocuklarıma sanki bir yol göstermişti. Tabii çok sonradan öğrendim ki çocuklarıma derslerinde yardım eden, onlara ablalık yapan bu kızların, birer militan olup her ne olursa olsun devletine, milletine ihanet eden, imam kisvesi altında bu milletin evlatlarını kandıran bir hainin müritleri olduğunu... Neyse ki üç kızım ve iki oğlum bunların ihanetlerine prim vermeden onlarla ilişkilerini kesmişlerdi. Hiçbir ana babaya çocukların kandırılması, hiçbir hain, militan ve soysuza nasip olmasın. Bu zor durumu bana ve benim gibi olan onlarca ana babaya yaşatanlar, gerçek dünyada azaplarıyla baş başa kalacaklar. İlahi adalete olan inancım sonsuzdu. Çok canlar yansa da nitekim bu dünyada da layıklarını buldular.

Ben çocuklarımı yokluktan gelerek, canımı dişime takarak büyütmeye çalışıyordum. Ama artık onlara daha yakın olmalı ve daha fazla vakit geçirmeliydim. Benim yaşadıklarımı onlar yaşamasın diye özel hayatları da dâhil her şeye müdahale ederek onlara kusursuz bir hayat sunmaya çalışıyordum.

Bir yanlış, bir hata bile yapmadan yaşasınlar desem de bunun hiçbir insan evladı için mümkün olmadığını öngöremiyordum. Onları koruma içgüdüsüyle kontrolü hep elimde tutmaya çalışıyordum. Oysa değiştiremeyeceğim şeyler için kaygılanıp kontrol ettikçe kontrolü daha çok kaybetmenin ne demek olduğunu ancak bu yaşımda anlayabiliyordum. Bildiğim tek bir şey vardı artık. Ben bu bakkal dükkânına sığamıyordum. Evet, düzenimi kurmuştum. Geçinebileceğim, çocuklarımı rahat ettirecek kadar param vardı. Fakat daha fazlası neden olmasın diye düşünmüyor değildim.

Sene 1982-1983 yılları arasında daire alıp, içine tadilat yapıp daha yüksek bir fiyata satarak kâr elde edebilirim diye daire bakmaya başladım. Fiyatını uygun bulduğum eski binalardaki daireleri alıp iç dekorasyonlarını daha modern hale getirip satmaya karar verdim. Bakkal dükkânımın tam karşısında yapılan inşaatı her boşlukta seyrediyor, işçilerle konuşup işi öğrenmeye çalışıyor, kârını, kazancını her şeyini öğrenip müteahhit olma hevesiyle yanıp tutuşuyordum. Bu daire alım satım işi, hem bana kazanç sağlayacak hem de müteahhit olmaya bir basamak olacaktı.

Bu sırada Teşvikiye Muradiye Sokağı'nda giriş kat bir daire buldum. Tanıdık bir esnaf olan emlakçı Hüseyin aracılığıyla satılıktı. Hüseyin'e ne kadar istediklerini sordum. On beş bin lira olduğunu öğrendim. Bölgeyi çok iyi biliyordum. Bu daireyi alırsam çok kâr edemezdim. Çünkü tam istedikleri rakam değerinde görüyordum. Kaldı ki alabilecek bir param zaten yoktu. Bu süreçte aldığım kırmızı bir Mercedes vardı. Onu satsam bile alamıyordum. Çünkü arabanın değeri beş bin lira ediyordu. Hüseyin'e biraz indirim yaparlarsa alabileceğimi söyledim. Talep ettiğim pazarlık yüzünden Hüseyin'den bir daha geri dönüş almadım. Başka bir müşteri arayışındaydı ve eğer bana verirse komisyonunu tam alamaz diye dönüş yapmadığını düşünüyordum. Tekrar dükkânına gittim. Mal sahibiyle görüşmek istediğini söyledim. Mal sahibinden indirim talep ettim ama kabul etmedi. Bu sefer beş bin peşin olarak vermeyi teklif ettim. Kabul ederse kırmızı Mercedes'i satacaktım. Alıcısı da hazırdı. Beş bin lirayı peşin verip geri kalan on bin lira için üç ay sonraya senet vermeyi teklif ettim. "Kefil göstermek kaydıyla kabul edebilirim," dedi. Kefil şartlarını sorunca eğer toptancılardan biri kefil olursa kabul edebileceğini söyledi.

"İpek Kâğıt Sanayi'nin İstanbul bayisi Remzi Yağcı olur mu?" diye sordum. Hemen kabul etti. Remzi ağabey büyük bir toptancıydı. Yanında Remzi ağabeyi aradım. Durumu anlattım. Remzi ağabey bana, "Yeğenime kefil oldum. Ulus'taki dairemi sattırdı. Şimdi Etiler'de oturuyorum. Onu da sen mi sattıracaksın?" diyerek şakalaştık. Mal sahibini telefona istedi. Konuştuktan sonra senet karşılığında el sıkıştık. Hemen arabamı sattım. Geri kalan on bin lira için senedi imzalayıp dairenin tapusunu aldım. Daire çok güzeldi. 3+1, yüksek tavanlı, ferah bir evdi. Hemen işe koyuldum. Evi baştan sona yeniledim. Yaklaşık yirmi yirmi beş gün süren tadilatın sonunda gazete ilanına daireyi koydum. Daire için arayan soran oluyordu. Daireye bakmaya da geliyorlardı fakat ciddi bir alıcısı henüz çıkmamıştı. Senet için iki aylık bir zamanım vardı. Otuz bin liraya daireyi satışa koymuştum. Yaklaşık üç yüz dört yüz liralık bir masrafım olmuştu. Fakat süre daralıyor, daire için alıcı çıkmıyordu.

Son bir ay kala yirmi beş bine düştüm. Biraz daha zaman geçince yirmi bine, senedin gününe tam beş gün kalmıştı ki yaptığım masrafı göz ardı ederek aldığım fiyata bir teklif gelse hemen satış yapacak bir hale gelmiştim. Bu senedin parasını temin edecek bir yer de yoktu. Senedin ödeme tarihinden üç gün önce akşam altı yedi sularında telefon çaldı. Arayan bir kadındı.

"Merhaba. Gazete ilanınızda yer alan giriş kat daire için aramıştım." "Buyurun!"

"Yaşlı bir annem var. Onun için giriş kat bir daire istiyoruz. Vali konağında oturuyoruz. Bize yakın olduğu için evi görmek istiyoruz," diyordu ve işte benim aradığım müşteri profili tam anlamıyla buydu.

"Teşvikiye Camisi'nin avlusuna gelsek bizi oradan alabilir misiniz?" "Tabi ki de…"

Saati de konuştuktan sonra müşterileri Teşvikiye Camisi'nin avlusundan almak üzere sözleştik. Teşvikiye Camisi'nin avlusundan onları aldım. Daireyi gezdiler. Daireyi beğendiklerini tavırlarından anlamıştım. Fiyatını sorduklarında otuz bin lira olduğunu söyledim. Hâlbuki bir saat önce arayan adama on beş bin liraya kadar fiyatı indirmiştim. Biraz indirim istediler. Bu fiyata isteyen başka bir müşteriler olduğunu da söyledim. Eşinin görmesi için opsiyon istediler. Ertesi gün sabah saat sekizde, dairenin önünde buluşmak üzere sözleştik.

Sabah sözleştiğimiz saatte oradaydılar. Bu sefer eşiyle beraber evi gezdiler ve eşi de daireyi çok beğendi. Eşi de indirim yapmayı talep etti. Fakat ona da yapamayacağımı söyledim. Adam, "Canınız sağ olsun," diyerek el sıkıştı ve "bankaya gidiyoruz," dedi. Osman Bey'de bulunan bir bankaya gittik. Otuz bin lira olan parayı çekip o zamanlar Sultanahmet'te olan tapu dairesine doğru yola koyulduk. Bir aksilik çıkar ve bu satış gerçeklemez diye bacaklarım titriyordu. Hayatımda bu kadar nakit parayı ilk defa görecektim. Neyse ki tapuda satışa engel hiçbir şey olmadı. Çantayla parayı teslim aldım. Helalleşip iyi dileklerimizi birbirimize sunarak dağıldık.

Soluğu Yenikapı Sahili'nde aldım. Çok lüks bir restorandan içeri girdim. Garson ara bir masayı göstererek beni buyur etti. Ona dönüp denizi gören cam kenarındaki masayı göstererek, "Neden bu masa değil de o ara yerdeki masa," diye sordum. "Oraya oturacağım," diyerek denize sıfır olan masaya kuruldum. En kaliteli ne varsa meze, balık, rakı… Hepsinden getirmesini istedim.

Siparişi verdikten sonra uzunca manzaraya baktım. Hava kararmak üzereydi. İstanbul kocaman bir tabloya sığdırılmış gibi karşımda duruyordu. Ressamı belliydi belki bu manzaranın ama yanımdan geçen vapurlar, denizi mesken tutmuş martılar, bir yan Üsküdar, bir yan Kadıköy, insanların telaşlı halleri, anason kokusuna karışmış rüzgârın burnumdan içime girip bana huzur vermesi… Hayatta böyle şeylerin var olduğunu belki de o an keşfetmiştim. Küçüklüğümden o güne kadar bir girdabın içine girmiş, yaşam mücadelesi vererek kendi yazgımı değiştirmek için uğraşmışım da böyle şeylerden hiç haberim yokmuş gibi. Garson geldi. Siparişlerimi eksiksiz getirmişti. Bu sefer anason, su ile karışıp mideme doğru yol aldı. Daha da huzurlu hissettim.

Manzaraya döndüm. İstanbul bir siluet gibi sanki karşımda duruyor, çoğu yer ışıl ışıl, bazı yerler karanlık onu izliyordum. İstanbul'a böyle bakınca görkeminin altında ezilebilirdi insan. O yüzden karşı gelmeyecektin ona. Karşısında değil, yanında duracaktın ki seni alabora edip içinde boğmasın. Yavaş yavaş onunla beraber yürümeyi öğrenmiştim. O yüzden anasonun ve temiz havanın vermiş olduğu hissiyatla, "Ah ulan İstanbul!" dedim. "Niye herkesi bağrına basmıyorsun? Ne güzelsin... Ne görkemlisin… Bilmiyor musun herkesin seninle ilgili bir hayali olduğunu? Adım attıkları an yok olan da var, içine düşüp hasretinden debeleneni de var. Benim bu yaptığım ziyafeti her gün yapanı da var. Dünyanın bütün evlatlarına kucak açacak kadar geniş, bir insanı geldiğine pişman edecek kadar gaddarsın. Nesin sen İstanbul?

Bardaktan bir yudum aldım. Bazı zamanlar babamın Kuruçeşme Sahili'ndeki gemilerden kömür taşıyarak hamallık yaptığını hatırladım. Birilerinin sırtından başka birilerinin nasıl para kazandıklarını şimdi daha iyi anlıyordum. Köyümdeyken en uzak dağların arkasındaki İstanbul'a artık gelmiş ve para kazanmanın akıl yoluyla ve cesaret gösterilerek, en önemlisi de risk alarak bunu yaşamış ve kanıtlamıştım.

İstanbul ile ilk yüzleşmemi gerçekleştirip yemeğimi yedikten sonra soluğu Gültepe'de olan Maçka Oto Galerisi'nde aldım. Sattığım arabamın aynısı galerinin önünde kırmızı rengiyle sanki beni bekliyordu. Bu arada sürekli Mercedes marka arabayı tercih etme sebebim, Mercedes kişiyi her ne koşulda olursa olsun itibar sahibi gösteriyordu. Böylelikle insanın bütün kusurlarını kapatıyordu. Çoğu insanın da bu aracı tercih etme sebebi buydu. Mercedes'e sattığım fiyattan biraz daha yüksek bir fiyat verdi. Yanımda nakit olarak hemen alacağımı söyleyince beş bin liraya el sıkıştık.

Daireyi satın aldığım adamı aradım. Senetleri alarak on bin lira ödemesini yaptım. Yaptığım masrafları düştükten sonra on dört bin lira kâr ederek bu ilk büyük ticaretimi tamamladım. Artık bu işi tekrarlamaya kesin olarak kanaat getirdim. Cesaret, kararlılık ve çalışkanlığın, bu üçünün olduğu hiçbir yerde yoksul kalmayacağıma artık kati surette inanıyordum.

# II

Askerden sonra başladığım bakkal mesleğini bırakmayı artık kafama koymuştum. Bakkal işi şüphesiz bereketli bir işti. Fakat mesaisi çok uzun ve yorucuydu. 83 yılına gelmiştik ve bu kararım her ne olursa olsun hayata geçmeli ve ben geri kalan hayatımı müteahhitlik yaparak geçirmeyi planlıyordum. Evet, bir düzenim vardı. Teşvikiye'nin en güzel yerlerinden birinde müşteri potansiyelim çok fazla ve ilişkilerim çok sağlamdı. Birçok insanın imrendiği hayatım, altımda arabam, oturacak bir evim vardı. Bunlardan vazgeçmem hiç kolay değildi. Ama isteklerimi yerime getirmek için bunları bile riske atmayı göze almıştım. Önce bu durumu ailemle paylaştım. Eşim, çocuklarım, hepsi bu duruma karşı çıktılar. Bakkalı devredeceğimi duyan kim varsa hepsi bunu delilik olarak görüyordu. Babamın vefatından sonra annem, sırayla kardeşimde ve bizde kalıyordu. Kardeşimde kaldığı bir dönemde o da duymuş olacak ki çıkıp dükkâna geldi. Dükkânda o sırada devredeceğimi duyan ve almak isteyen birkaç kişi vardı. Annem birden lafa girerek, "Bizim satılacak dükkânımız yok!" diyerek adamları kovmaktan beter etti.

Dönüp bana, "Eğer bu dükkânı satarsan iki elim yakanda olsun. Sen çoluk çocuğun rızkını düşünmeden nasıl burayı satarsın? Evin, araban, her şeyin var. Şükret Allah'a ve çalış... Daha ne istiyorsun?" diyerek son sözünü söyleyip dükkândan çıktı.

Etrafımdaki hiç kimse bu kararı desteklemiyor, onların verdiği her tepki beni bu fikre daha çok itiyordu. Söylediklerine tamamen kulaklarımı tıkamıştım. Onlar yapabileceklerimi öngöremiyordu. Bu yüzden haklı olarak kaygılıydılar. Ama ben kararlıydım. Önümdeki tek engel, ailemi ve sevdiklerimi kırmadan herkesin rızasıyla bu işi yapmaktı. Bu yolda her şeyimi kaybetme riski olsa dahi içimdeki o arzu her şeyin üstesinden geliyordu. Kaygılanmaya başladığım noktada, "Zaten bir kara lastikle geldin İstanbul'a. En kötü köyüne geri döner, muhtar olursun," diyerek her engeli kılıfına uyduruyordum. Ve yine başa dönecektim. Sıfır sermayeyle bu işe girişecektim. İnşaat müteahhitliğiyle ilgili de hiçbir tecrübem ve bilgim yoktu. Gece büyük endişelerle uyuyup sabah en kötü ihtimalle bir yol buluyordum. Kim ne derse desin bu yoldan dönmeyecektim. İnsana yaraşır bir hayat standardına ulaşana kadar yaşamak ve yaşatmak hedefime doğru Allah'ın izniyle kavuşacaktım. Net kararımı verdiğim gün dükkânı almak isteyen ciğerci kardeşlerle pazarlığa oturdum ve dükkânı onlara devrettim. Dükkândaki malları satmak için onlardan iki ay müddet istedim. Bu süreçte hem dükkândaki malları satacak hem de inşaat işi için kendimi hazırlayacaktım. Tanıdığım, tanımadığım müteahhit, mimar, inşaat mühendisi kim varsa bilmediğim her şeyi onlara soruyor, öğrenmeye çalışıyordum.

Bir gün elime bir kâğıt aldım. Kafamda ne kadar soru varsa hepsini yazıp Teşvikiye Sağlık evinin yerini yapan Müteahhit İbrahim Polat'a gittim. Öğrendiğim kadarıyla o da sıfırdan gelmiş, sağlam, güvenilir bir müteahhitti. Hazırladığım on sorunun cevabını alabilmek için inşaatına gittim. Karşı kaldırımda inşaatın ön cephe çalışmalarını izliyordu. Yanına giderek, "Selamünaleyküm İbrahim ağabey. Sen beni tanımazsın ama ben seni gıyabında çok iyi tanıyorum," dedim ve hemen konuya girdim. "Bu zamana kadar bakkal dükkânı işletiyordum. Artık müteahhit olmak istiyorum. Sana soracağım birkaç soru var. Senin vereceğin cevaplar benim için çok kıymetli," dedim.

Sorduğum soruların hepsini tek tek güzel bir şekilde cevapladı. "Şimdi o dokuz soruyu sil. Bir tanesi kalsın," dedi. "Kalsın" dediği soru "Mimarı nasıl seçmeliydim?" sorusuydu. Dönüp, "Mimarını iyi seç. Diğer her şeyi yanlış yapsan da telafisi olur. Ama mimarın kötüyse telafisi mümkün olmaz," dedi. Hoş sohbeti ve güzel tavsiyelerinin sonunda yanından ayrıldım. Verdiği her nasihat bana gelecekte yol açacaktı.

Bakkal için istediğim iki aylık süre dolmuştu. Dükkânın içindeki malları satmış, kalanların belli bir kısmını eve getirmiş ve anahtarı teslim etmiştim. O güne beni taşıyan bu bakkalın vedası da kolay olmamıştı. Bodrumunda yatıp kalktığım, oradaki yalnızlığım, yoksulluğum, karşımda duran bu bomboş raflar benim çocukluğumdu. Ve yine duygusallığa yer vermeyecektim. Arkama bile bakmadan yıllarca hayalini kurduğum bakkal dükkânına sessizce vedalaştım.

# III

Bakkalın sırasında ahşap, iki katlı, cumbalı bir ev vardı. Bakkalı teslim etme süresince bu evi gözüme kestirmiş, sahiplerini aramaya başlamıştım. Devir işlemi sonrasında bu arayışı daha çok hızlandırdım. İçinde oturan kimse yoktu. Bir harabe gibiydi ve bütün yaşam izleri silinmişti. Yer olarak da oldukça kıymetliydi. Fakat bütün çabalarıma rağmen sahibine bir türlü ulaşamıyordum. Sonra bu semtin en eski sakinlerinden bir komşumuzla tesadüfen karşılaştım. Bu evin sahibinin Ankara'da oturduğunu, isminin de Halide Gökşar olduğunu öğrendim. Evin önünde durup epey hayal kurdum. Evin dört metre cephesi vardı. Eğer başarabilirsem bu küçük, iki katlı evin yerine seksen metrekare oturumu olan beş katlı bir bina yapabilirdim. Tabii altına da iki katlı bir dükkân... Bu inşaatı yapabilir miyim, burası ya tarihi eserse ve yıkamazsam... İnşaat izni çıkaramazsam diye bir sürü soru soruyordum kendime...

Sahibinin Ankara'da olduğu dışında adresiyle ilgili bir bilgim yoktu. Müthiş bir azimle Halide Hanım'ın numarasına ulaşmaya çalışıyordum ve nihayet buldum. Telefonla konuştuktan sonra küçük bir umut ışığı aldığım mal sahibiyle buluşmak üzere yola koyuldum. Çankaya yakınlarda oturuyordu. Verdiği adresi bulup gittim. Güzel bir karşılama sonrası biraz hasbihal ettikten sonra sebebi ziyaretimi uygun bir dille anlattım. Ben durumu anlatırken Halide Hanım, "Ah be evladım! Keşke o evi hiç bana hatırlatmasaydın," dedi. Çocukluk hatırası, kötü bir anısı veya istemediği bir durumla tekrar yüzleştirmişim gibi sessizce kalakaldım. Sonra sebebini anlatmaya başladı.

"Yaklaşık on yedi yıl önce yüzde elli hisse payıyla bir müteahhitle anlaştım. Arsanın yüzde ellisini de anlaşmaya istinaden adama devrettim ve buna rağmen hiçbir çalışma yapılmadı. İnşaatın ilk aşaması yıkım işlemini bile gerçekleştirmedi. Yetmedi. Kalan hisseleri de elimden almak için dava açtı."

Anlattıklarından dolayı müteahhitin ne kadar art niyetli olduğunu anlamıştım. "Bakın Halide Hanım her ne koşulda olursa olsun, ben bu mağduriyeti çözerim. Bu yere talibim," dedim.

"Önümüzdeki hafta kızlarımla beraber İstanbul'a gideceğim. Evimiz Kalamış'ta... Siz de oraya gelin. Detaylarını orada konuşuruz. Hem herkes orada olur. Daha sağlıklı konuşuruz," dedi ve beni güzelce uğurladı.

İstanbul'a dönmek üzere yola koyuldum. Sözleştiğimiz gün Kalamış'taki evlerine gittim. Üç kızı da oradaydı. Daha önce tecrübeli olduğumdan mahkemeyle ilgili ne varsa bütün dosyaları istedim ve tek

tek inceledim. Halide Hanım'ın bu davayı kaybetme ihtimali hiç yoktu. Zaten kendi evini nasıl kaybedebilirdi ki? Ama burası İstanbul'du ve birileri adaletsiz davranarak bu davayı Halide Hanım'a kaybettirebilirdi. Halide Hanım'a dönüp şöyle dedim: "Halide Hanım ben sizin Amerika'da yaşayan kız kardeşinizin oğluyum."

Böyle deyince herkes şaşkınlıkla yüzüme baktı. Tebessüm ederek, "Bu adamın karşısına bir sıfatla çıkmalıyım. Başka türlü beni muhatap olarak görmezler," dedim. Halide Hanım bu mağduriyetine uzatılacak bir el bekliyordu. Maddi anlamda ne kızlarının ne kendisinin bu eve ihtiyacı vardı ama manevi olarak çok yıpranmışlardı ve dışarıdan bir desteğe ihtiyaçları vardı.

Halide Hanım ve kızlarının güvenini kazanmış, onları ikna etmiştim. Bu sefer Halide Hanım tebessüm ederek, "Artık siz benim Amerika'ya tahsilini tamamlamak için gitmiş yeğenimsiniz," dedi. Hep beraber tebessüm edip müteahhitin nerede olduğunu, iletişim bilgilerini alarak tekrar görüşmek üzere evlerinden ayrıldım.

Hemen ertesi gün yola koyuldum. Adamı arayıp randevu aldım. Nişantaşı'nda olan ofisine beklediğini söyledi. Hemen yanına gittim. Halide Hanım'ın yeğeni olduğumu, adımın Davut Topoğlu olduğunu söyleyip kendimi tanıttım. Yüksek tahsilimi tamamlayıp Amerika'dan yeni geldiğimi, devam eden mahkemelerle ilgili artık muhatabının sadece ben olacağımı, genel vekâletin bende olduğunun altını çizdim. Bu cesaretle, "Sizin maksadınız nedir?" diye çıkıştım. Sonra devam ettim. "Kat karşılığı sözleşme ile sabit olan tarafınız evin tamamına sahip olmak için süreç başlatmışsınız. Bu hileye kendinizi de inandırıp mahkemeye kadar taşımaktan çekinmemişsiniz. Size kat karşılığı verilmiş bu yeri sözleşme şartlarına uyup hiçbir çalışma yapmadığınız gibi bir de geri kalan hisseyi üstünüze geçirmeye çalışıyorsunuz öyle mi?"

Bu dediklerimden sonra karşımda duran müteahhit epey afallamıştı. Bütün yelkenleri suya indirip hiç ummadığım bir cevap vererek, "Benim bu mahkemelerde ve bu süreçte yedi yüz bin lira masrafım oldu. Bunu öderseniz anlaşırız," diyerek apaçık bir teklifte bulundu.

Dairelerin değerini ve kendi planladığım projeyi bildiğimden mahkemede bu sürecin çok uzayacağını da düşünerek teklifini hemen kabul ettim. Ardından durumu Halide Hanım'a izah ederek bu parayı benim vereceğimi, sonrasında da bu yeri bana yüzde elli kat karşılığı olarak vermesini teklif ettim. Halide Hanım teklifimi kabul etti. Parayı ödedim. Sözleşme feshedildi ve dava düştü.

Halide Hanım'ın neredeyse arsanın tamamını kaybetme riskini ortadan kaldırmıştım. Bir Kadir gecesi gününde tapuyu tekrar Halide Hanım'ın üzerine geçirdik. Halide Hanım'ı Sultanahmet'teki tapu dairesinden Kızıl Toprak'taki evine doğru götürüyordum. Arabada ellerini açıp, "Allah'ım seni bu mübarek gecenin yüzü suyu hürmetine korusun. Sana dert keder vermesin. Bol kazançlar versin," diyerek dua ediyordu.

Evinin önüne gelmiştik. Halide Hanım arabadan inerken, "Bizim aramızdaki sözleşmeyi ne zaman yapacağız?" diye sordum. O da, "Yaptığın inşaatları görmek isterim," dedi. İlk görüşmemizde kendisine beni dikkate alması için bu civarda inşaatlar yaptığımı söylemiştim. Maksadım onu kandırmak değildi. Ama tecrübesiz oluşum bu olanağı bana sunmayacaktı. Yolda kara kara düşünmeye başladım. Teşvikiye'de müteahhitlik yapan çok sevdiğim bir ağabeyim vardı. Soluğu onun yanında aldım. Durumu anlatıp ondan yardım istedim. O da, "Kendin yapmış gibi gezdir. İçin rahat olsun," diyerek beni bu konuda rahatlattı. Şüphesiz onun kadar güzel daireler yapacaktım. Bu yüzden de vicdanım rahattı.

Binadaki görevliyi tembihledim. Halide Hanım ile geldiğimde bana patronuymuşum gibi davranmasını ve hürmet etmesini söyledim. Halide Hanım'ı henüz tamamı satılmamış ama ince işleri bitmiş binaya götürdüm. Tek tek daireleri gezdirdim. Tabii içimde yine bir kuşku vardı. Ya Halide Hanım diğer binaları da gezmek isterse diye elim yüreğimdeydi. Nihayetinde Halide Hanım binayı çok beğendi ve biz yüzde elli kat karşılığında sözleşmemizi imzaladık. Geriye tek ve belki de en büyük sorun kalmıştı. Yaptırdığım fizibilite raporuna göre inşaatın tamamlanması ve toplam maliyeti iki yüz elli üç yüz bin lirayı buluyordu. Benim ise cebimde sattığım daireden kalan on bin lira ile bu binayı nasıl yapacağımdı… Benden başka kimsenin bilmediği tek sorundu.

# IV

12 Eylül sonrası ülkemizi her alanda ekonomik, hukuki ve siyasi yönden etkileyen, belki de milat yıl olarak kabul edilebilecek bir dönemdi. Kargaşanın çok yüksek olduğu, insanların neredeyse birbirlerine nefretle baktığı, sadece bununla kalmayıp sebepsiz yere birbirlerini öldürdükleri bir dönemden çıkılmıştı.

12 Eylül sonrası yavaş yavaş kapatılan partiler tekrar açılmaya başlıyordu. Bunların arasında diğer ölen insanlar gibi gömülen partiler yerine yeni partiler de açılmıştı. Turgut Özal Anavatan Partisi'ni kurmuş, Turgut Sunalp Milliyetçi Demokrasi Partisi'ni kurmuş, Necdet Calp ise SHP'yi kurmuştu. Darbe sonrası yapılan mitinglerde insanlar siyasetin ne kadar karşılıklı çıkar ilişkisi olduğunu anladığı için yapılan her miting bir bakıma samimiyetini kaybetmişti. Çünkü biliyorlardı ki hiçbir parti ölen bu insanları geri getirmeyecekti. Fakat umudu olanlar, ölen insanları yaşatma peşindeydiler.

Benim ise ta küçük yaşımdan beri hayat dediğimiz koridorlarda yankısı hâlâ devam eden, hayalini kurduğum, içinde bulunmak istediğim partiden ve Şişli İlçe Teşkilatı'na kayıt yaptırdığım Adalet Partisi'nden bir haber yoktu. Onların yerine henüz yeni bir parti kurulmamıştı. Bundan dolayı ben de başka partilere geçiş yapmak istemiyordum.

Zaman geçti. Seçimler yapıldı ve Ana Vatan Partisi tek başına iktidara geldi. Milletin gücüyle iktidara gelen Özal hakkında o dönemde hiç kötü bir söylem duymamıştım. Ne yalan söyleyeyim iyi hizmetleri de olmuştu. Çevresinin ve halkının tanıdığı kadarıyla Özal, hırslı, kafasındaki planları yapmak için yılmadan çalışan, bu uğurda engelleri kaldırmakta kararlı, programlı ve her alanda dinamik, her alana müdahale eden, bu yüzden bazı zamanlarda eleştirilerin odağı olan, liberal görüşe hâkim biriydi. Bu yüzden halk ondan memnundu.

Düzen bir şekilde kurulmaya başlamıştı ve hayat devam ediyordu. Zaman geçtikçe de Süleyman Demirel ve arkadaşlarının siyasi yasağı kalktı ve Doğru Yol Partisi'ni kurdular. Ben de İstanbul İl Teşkilatı'nın kurulmasında aktif görev aldım. Şişli Teşkilatı'nın oluşumunda yedi kişi görevlendirilmiş ve yetkilendirilmişti. Bunların arasında ben de vardım.

Siyasete olan ilgimi ve alakamı her fırsatta sizlere anlatıyorum. Ticaret yapan bir insanın bir bacağı maalesef siyasette olması gerekiyordu. Bir şekilde kıyısında köşesinde bulunmalıydı. Çünkü siyaset, kimliğinizi güçlendirir. Sözünüzü güçlü kılar. Ziyaret ettiğiniz yerlerde saygınız artar. Yakana taktığınız küçücük rozet hem kendinize hem de karşınızdakine güven verir. Bu yüzden siyaset, hayatımın önemli bir parçasıydı. Onu görmezden gelemezdim.

Şişli Teşkilatı'nda bir yandan siyasetle uğraşırken bir yandan da Halide Hanım ile yüzde elli kat karşılığı anlaştığım binanın inşaatına başlamıştım. Burası ilk inşaatım olduğu için tıpkı ilk bakkal dükkânımı satın aldığım kadar içimde olan heyecanı bu binayı yaparken de içimde taşıyordum. Burası için ilk göz ağrım diyordum. Hafriyat başladığında etraf toz duman olup insanlar rahatsız oluyordu fakat bana sanki o toz vitaminmiş gibi geliyordu. O kadar heyecanlıydım.

Bütün işlerimde olduğu gibi gösterdiğim cesaretim ve pratik zekâmla on bin lira paramla, büyük uğraşlarımla, gece uykusuzluklarımla kafa patlatarak, daha çok okuyarak ve araştırarak iki yüz elli üç yüz bin lira maliyeti olan bu evi ince bir titizlikle bitirmiştim. Bu evden bana kâr olarak kalan, zemin kattaki depolu dükkândı.

Yaptığım bu ilk inşaatımda ve diğer yapacağım inşaatlarımdan kazanacağım çok tecrübe olacaktı. Bu bakkallık döneminde de böyleydi. İnsan her işi büyük çaba ve gayret göstererek öğrenebilirdi. İnsanın o işi ne kadar istemesiyle alakalıydı. Benim de bakkal dükkânımdan bu zamana kadar bu işe riskli bir adım atarak hayatımı bunun üzerine şekillenebileceğimi düşünmek, belki de kafamın hiçbir yerinde yoktu. Fakat bakkal dükkânımdan karşı binanın inşaatını izlemek ve sürekli inşaata gidip gelen insanların ne konuştuklarına kulak misafiri olmak, bu işten ne kadar para kazanılıyor diye hesap yapmak, beni hayallerime doğru yol haritamın bu yönde çizebileceğime itti. İtilen oldum fakat etrafımdaki çoğu insanın desteklerini alamadığım için etrafımdaki insanların gözlerini benim üzerimde hissettiğim ve yalnız kaldığım süreçte sürekli yuvarlanacaktım. Ayağa kalkacağım zamanı da çok iyi biliyordum. Şimdilik beni yuvarlanıyor olarak görsünler. Sorun değildi.

Tecrübesizliğime rağmen her işte olduğu gibi elimden gelenin en iyisini yapma peşindeydim. Bir gün bu ilk inşaatımda tesisatçı işini bitirmiş, "Bana iki yüz adet kör tıpa lazım. Tesisat işi bitti. Son kontrolleri yapayım. İşi teslim edeyim," dedi. Ben de hemen çavuşa malzemeleri alması için para verdim. O sırada da bir ahbabım geldi. Bu ahbabım daha önce inşaat işleri yapmış, kısmen de olsa tecrübeliydi. O sırada bana döndü. "Ne parası o? Ne aldırmaya gönderiyorsun?" diye sordu. Ben de, "Tesisatçı işini bitirmiş. Son kontrolleri yapmak için iki yüz adet kör tıpa istiyor," dedim. Bunun üzerine ahbabım tesisatçıya, "Neden boşuna iki yüz adet tıpa aldırıyorsun? On tane al, tak. Kontrolünü yap. Sonra sök, diğer tarafa tak. On tıpa ile bu işi tamamlamış olursun," dedi.

O an kafama dank etti. İnsanın kolayına nasıl geliyorsa öyle yapıyordu. Bu işte tecrübesizsen eğer karşındaki senin ne kadar para harcayacağını ya da ne kadar emek vereceğini umursamıyordu. Usta o an bana 200 tane tıpa aldıracaktı. Fakat benden çıkan para umurunda değildi. Bu yaşadığım da en ufak tecrübelerimden bir tanesiydi.

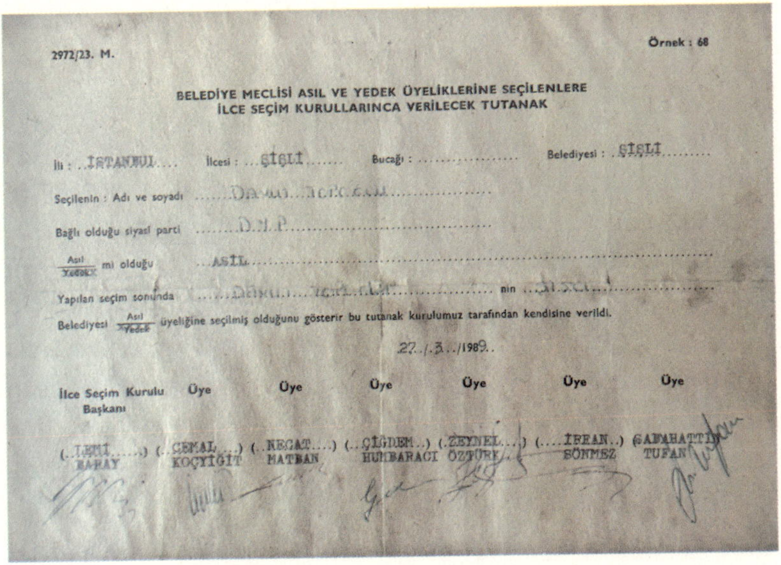

2972/23. M.

Örnek : 68

BELEDİYE MECLİSİ ASIL VE YEDEK ÜYELİKLERİNE SEÇİLENLERE
İLCE SEÇİM KURULLARINCA VERİLECEK TUTANAK

İli : ..İSTANBUL.... İlcesi : ...ŞİŞLİ....... Bucağı : .................. Belediyesi : ..ŞİŞLİ.........

Seçilenin : Adı ve soyadı ......[illegible]..................

Bağlı olduğu siyasi parti ......D.Y.P.......................................

Asıl/Yedek mi olduğu ...ASIL...........................................................................

Yapılan seçim sonunda ......[illegible]...................... nin ...[illegible]........................

Belediyesi Asıl/Yedek üyeliğine seçilmiş olduğunu gösterir bu tutanak kurulumuz tarafından kendisine verildi.

27./.3../1989..

| İlce Seçim Kurulu Başkanı | Üye | Üye | Üye | Üye | Üye | Üye |
|---|---|---|---|---|---|---|
| (..İLMİ.....) BARAY | (..CEMAL...) KOÇYİĞİT | (..NECAT....) MATBAN | (..ÇİĞDEM..) HUMBARACI | (.ZEYNEL...) ÖZTÜRK | (....İRFAN..) SÖNMEZ | SABAHATTİN TUFAN |

# V

*Uzaktan baktığın bir dağ manzarasının*
*arkasında ne olduğunu asla bilemezsin.*
*İşte önemli olan*
*o dağın arkasını görmek!*

Birinci ve ikinci inşaatımı alnımın akıyla tamamlamıştım. Her yaptığım iş daha iyisine götürecek fikriyle sürekli kafamda projeler tasarlıyordum. Her seferinde bir üst kaliteye ulaşmayı hedefliyordum. Teşvikiye'de oturuyordum ve her gün evime gelip giderken önünden geçtiğim bir arsa vardı. Burayı gözüme kestirmiştim. Hem yer olarak güzeldi hem de arsaya baktıkça kafamda milyonlarca proje dönmeye başlıyordu. Bu iyiye işaretti. Bir köşesinde üç katlı bina, karşı köşesinde ise askere gitmeden çalıştığım pastane vardı. Üç katlı binanın altında bir taksi durağı, arka tarafında birkaç gecekondu, arsanın boş kısmını ise uzun kavak ağaçları kaplamıştı. Binanın alt katları doluydu. Sahipsiz olduğu besbelli bir arsaydı. Diğerleri ise arsayı zapt etmiş işgalcilerdi.

Belediye meclis üyesi olmuştum. Burayı yapmayı bırakın, aslında buranın hayalini bile kuracak bir maddi güce sahip değildim. Güvendiğim tek şey her zaman olduğu gibi medeni cesaretim, inancım ve kimsede olmayacak kadar isabetli öngörülerimdi. Bunlara dayanarak bu arsanın kime ait olduğunu öğrenmeye koyuldum. Bu arsanın öncelikle ada, pafta ve parsel numaraları lazımdı.

Belediyenin Harita Müdürlüğü'nden tapu bilgilerine ulaştım. Tapu Müdürlüğü'ne çıktım. Encümen olduğumdan dolayı bürokratlar ve memurlar her türlü alakayı gösteriyorlardı. Tapu kayıtlarını çıkarttım. Bu arsa ve maliklerin isimlerini öğrendim. Muharrem Hürrem Şeren (İnönü döneminin eski gümrük bakanıydı) kendisi vefat etmiş, mirasçıları olan eşi Perihan Birsen Şeren ve çocuklarına kalmıştı.

Ömer eniştemin bakkalında çıraklık yaptığım zamanlarda henüz on dört yaşındayken hemen karşımızda oto garajın görevlisi Şeref ağabey vardı. Bir de sesiyle sokağı inleten, omuzunda kürkü, Cadillac arabasıyla kapının önüne geldi mi, "Şereeef!" diye bağırıp garaj kapısını tek bir tekmeyle açıp arabasını garaja koyan bir kadın vardı. İşte o hayalini kurmayı bile kendime çok gördüğüm o arsanın sahibi Perihan Birsen Şeren, bu kadındı.

Birsen Hanım'a veya çocuklarına ulaşmak için araştırmalarıma başladım. Yeşilyurt'ta oturduklarını öğrendim. Adres bilgilerine de ulaşarak Yeşilyurt'a gittim. Oturdukları evi buldum. Ev derken Yeşilyurt'un deyim yerindeyse en güzel villasını buldum. Kimse yoktu. Komşularına, nerede olduklarını sordum. "Onlar Amerika'da yaşıyorlar. Sadece anneleri Birsen Hanım senede on beş gün gelir kalır. Sonra da İzmir Çeşme'ye, yazlığına gider," dedi.

Mevsim kıştı ve yaza kadar nasıl bekleyebilirim diye hayıflandım. Amerika'daki adreslerine ulaşmak ve onlarla bir an önce kontak kurmam gerekiyordu. Amerika'daki bütün konsoloslukları tek tek aradım. Bütün eyaletlerdeki Türk temsilciliklerine sordum, soruşturdum. O dönem bütün bunları telefonda yapabilmek bile büyük meziyetti. Sene 90'lı yıllardı ve o tarihlerde bunu yapabilmek biraz pahalıya mal oluyordu. Henüz onlarla bir iletişime geçmemiş olmama rağmen bu yeri alacağımı ve Teşvikiye'de büyük bir bomba patlatacağımı sağa sola duyuruyordum.

Uzun arayışlarım sonunda New York'ta oturan Perihan Hanım'a ulaşmayı başardım. İlk görüşmemiz yaklaşık yarım saat sürmüştü. Konuyu toparlamaya çalışıp telefonu kapatmak istesem de konu uzadıkça uzuyordu ve "Telefon çok yazıyor Perihan Hanım," diyemiyordum. Benim kısıtlı imkânlarımla Amerika'yı aradığım, onun tarafından algılanamıyordu. Kaldı ki yerine talip olmuş güçlü bir müteahhit imajımı, yüklü bir telefon faturası için yerle bir edemezdim.

Uzun konuşmalarımız sonrasında Perihan Hanım, beni avukatına yönlendirdi. Artık avukatları olan Ali

Pulat'la muhatap olacaktım. Bilgilerini alıp Ali Pulat ile ilk temasımı kurdum. Heyecanım çok büyüktü. Arsa, yeni başlamış bir müteahhit için erişilemeyecek kadar güzeldi. Bu bana yapamazsın diyen herkese kendimi kanıtlamak için müthiş bir fırsattı. Ali Pulat ile ilk randevumuz gerçekleşti. Avukatın gözünde paralı bir inşaatçı ve saygın bir iş adamı intibası yaratmaya çalışıyordum. Aksi halde beş kuruş parasız bu arsaya talip olmayı bırakın, randevu almaya ofisin önünden geçmeme bile fırsat vermezlerdi. İlk buluşmamızda avukat benden birtakım resmî evraklar istedi. Devam eden görüşmelerde ise ne istiyorsa yerine getiriyordum. Bütün mesaimi bu işler için harcıyordum. Bu işin bir an önce neticelenmesini isterken ben, avukat işi ha bire uzatıyordu. Yine bir gün benim lüzumsuz bulduğum bir evrak talebinde bulundu. Ne isterse götürüyordum ama asla yetmiyordu. 'Acaba benden başka bir talebi mi var ve ben bunu anlamıyor muydum?' diye düşünmeye başladım. Her kurumda olan ve işleri bir şekilde hızlandıran bir araç vardır. Birden aklıma bu araç geldi ve bir cesaret beş bin liralık bir çek hazırladım ve bir zarfın içine koydum.

Avukat tam bir İstanbul beyefendisiydi. Hazırladığım bu zarf her şeyi mahvedebilir veya işimi hızlandırabilirdi. Kaldı ki beş bin liralık çeki ödeyecek param da yoktu. Ertesi gün zarfı cebime koyup istediği evrakı teslim etmek üzere yola çıktım. Eğer avukat çeki kabul ederse Mercedes'imi satacak, çekin karşılığında bankaya koyacaktım. Almaz ve reddederse zaten emeklerim boşa çıkacaktı. Bir araba parası kadar ödediğim telefon faturaları da yanıma kalacaktı. Avukatın ofisine gidene kadar kafamda milyon tane olumsuz düşünce döndürdüm. Sonra ofise girdim. Çok heyecanlıydım. Öncelikle benden istediği evrakları uzattım. Birkaç dakika sonra cebimdeki zarfı kendisine uzatıp, "Ali Bey sizi bir hayli yordum. Emeklerinizin karşılığı değil ama şu küçük hediyemi kabul edin," dedim.

Küçük hediye dediğim altımdaki Mercedes'ti tabii... Avukat bir an durdu. Yüz ifadesinden ne tepki vereceğini kestiremiyor, kalp atışımı asla kontrol edemiyordum. Ya reddeder ve tepki verirse diye elim yüreğimdeydi. Zarfı aldı. Yakın gözlüğünü taktı. "Hediye takdim edenin, hediye yanında açılıyor değil mi?" diye sordu. Ben de, "Yok Ali Bey. Bizim Erzincan'da hediyeyi veren gidince açılır," dedim. Tebessüm etti. Zarfı açıp rakamı gördükten sonra, "Niye zahmet ettiniz Davut Bey," diyerek teşekkür etti. Üzerimden büyük bir yük kalkmıştı. "Ben yarından itibaren satış vaadi kat karşılığı sözleşmenizi hazırlamaya başlarım. Hafta sonuna kadar biter," dedi.

Avukatın yazıhanesinden çıktım. İçimdeki mutluluğu anlatmaya kelimeler yetmezdi. Sanki bu koca şehri benim üzerime yapmışlar gibi havalarda uçuyordum. Üç gün sonra vedalaşacağım kırmızı Mercedes'ime bindim. Torpidoda duran davul zurna kasetini teybe taktım. İki camı sonuna kadar açıp müziği son ses açtım. Sahile doğru yol aldım. Müthiş bir saadet içindeydim. Teypte çalan davul zurna neşeme neşe katıyor, arabanın içinde âdeta uçuyordum. Muhteşem bir boğaz turu yaptım. Arabayı aynı gün galeriye bırakıp, ertesi gün paramı alıp satışını yaptım. Bankaya çekin karşılığı yatırdım. Ali Pulat sözleşmeyi hazırlamıştı. Onunla da anlaşmayı resmiyete dökerek hemen işe başladım. Ali Pulat'tan sonra bir ricada bulundum. "Bu arsanın ön cephesine bir levha koyarak bu arsa, yandaki bina ile birlikte TOPOĞLU inşaatın malıdır yazabilir miyim?" dedim. İtiraz etmeden kabul etti. Yıllarca karşısındaki pastanesinde çalıştığım, oturduğum, her gün gidip geldiğim bu sokakta bana yapamazsın diyen herkese inatla arsanın ön cephesine koca bir tabela yaptırdım. Üzerine ise şöyle yazdım.

"Bu arsa yanındaki bina ile birlikte 857 metrekare olup TOPOĞLU inşaatın mülküdür. Çok yakında süper lüks daireler yapılmak üzere satışa sunulacaktır. Müteahhit Davut Topoğlu"

Ne müthiş bir gurur... Başkalarına ise ne acı... Yapamaz diyenlere, hadsiz diyenlere ne büyük bir ders...

Öncelikle Avukat Muharrem Keçeli' ye işgalciler için tebligat çektirdim. İçindeki kiracılardan geriye dönük işgalcilikleri için kira ödemelerini talep ettim. Tehditlere, direnişlere karşı kazanan ben oldum ve işgalcileri çıkarttım. Yapacağım projenin fizibilite raporunu hazırlayıp olmayan bütçemin çok üstünde bir maliyetle karşılaştım. İnşaatın maliyeti yaklaşık beş milyar lira civarındaydı. Bu benim için çok büyük bir meblağıydı. İlk inşaatımdan bana kalan bir dükkân vardı. Onu da kiraya vermiştim. Dükkânı satarak alacağım parayla bu inşaatın başlangıcı için gerekli parayı temin edebilirdim. Fakat önümde karşı koyamayacağım bir engel vardı. "Annem"

'Bu dükkânı sana sattırmam. Bu dükkân çocuklarının sigortası, burayı satamazsın,' diyordu. Bu dükkânın kira getirisi annem için çocuklarımın rızkının garantisiydi. Peki, bu inşaatı nasıl yapacaktım? Gelecekteki büyük projelere zemin olarak gördüğüm bu yapıyı nasıl tamamlayacaktım? Kafamda bu içinden çıkılmaz sorularla boğuşurken İbrahim Polat'tan bir teklif geldi. "Sen bu arsadan çekil. Bana devret burayı. Ben yapayım. Sana da emeklerinin karşılığında 500.000 lira vereyim," dedi. Bu para hatırı sayılır ciddi bir paraydı ve cebimde bir kuruş param yoktu. Başkaları için çok cazip bir teklifti. Fakat bu projede gördüğüm geleceğin ve beni taşıyacağı daha büyük işlerin yanında paranın miktarı umurumda bile değildi. Tereddütsüz bu teklifi reddettim ve inşaatıma başlamak için gerekli bütün resmi işlemleri başlattım.

İlk olarak kiraya verdiğim dükkânı, içindeki kiracıya yüz seksen bin liraya sattım. Bu para ancak inşaatın su basmalarına yetecekti. Sonrasında oturduğum evi satışa çıkardım. Evde sanki bir matem varmış gibi herkes üzgündü. Ailem ve çevremde müthiş bir tedirginlik söz konusuydu. Çoluk çocuk aç kalacak diye anamın yüreği tir tir titriyordu. Benim bakabildiğim pencereden bakabilseler, olacakları öngörebilseler üzülmeyeceklerdi. Fakat bunu göremiyorlardı. Dar görüşleri, çevrelerinin kontrol edilemez dedikoduları, bir dairenin hayat kurtaracağına olan inançları, onları iyiden iyiye yıpratıyordu.

Kimsenin lafını dinlemeden iki yüz bin liraya da oturduğum daireyi sattım. Başka bir daireye kiraya çıktım. Beş milyar lira olan inşaat maliyetine karşılık elimde üç yüz seksen bin lira ile inşaata başladım. Etrafımdaki kimsenin köylülerimin, akrabalarımın hiç kimsenin desteğini alamamıştım. Üstüne hevesimi kırmaları ve başarmama engel olacak bütün olumsuzluklarına karşı tek başıma savaşıyordum. Onlar tökezlememi beklerken ben her tökezlediğimde daha güçlü ayağa kalkıyordum. Başarısızlığımı bekleyen herkese inat daha azimle çalışacaktım. Beklentilerini kursaklarında bırakarak onları hedeflerine ulaştırmayacaktım.

Belediye meclisinde çalışmalarım devam ediyordu. Aktivitelere katılıyor, iki işi de aksatmadan birlikte yürütüyordum. İnşaatım olanca hızıyla devam ediyordu. İnşaatımız sırasında son kalan bir arsa vardı. Daha bu inşaatı bitirmeden gözüme orayı kestirmiştim. Bu arsanın eski millî hakemlerden Ertuğrul Dilek'e ait olduğunu öğrendim ve hemen harekete geçtim. Defalarca tekrarlanan görüşmeler neticesinde kat karşılığı olarak sözleşmeyi imzaladım. Kendime hayret ediyordum. Bu kadar hız, bu kadar yük fazla değil miydi? Bu sefer kabullenmiş ve sakinleşmiş herkes daha büyük bir baskıyla üzerime geliyordu. Bu işlerin altından nasıl kalkacaksın? Hadi bu büyük inşaata girdin, bunu nasıl yapacaksın? İtirazlar, kızgınlıklar daha güçlü sesle yükseliyor, benim ise bir çocuk gibi bir kulağımdan girip diğerinden çıkıyordu. Bütün bu olanlarla tek başıma mücadele etmek, yanımda kimseyi görememek beni daha çok yalnızlaştırıyordu. Zaman zaman sabaha yüz tutmuş gecelerde balkona çıkıp üst üste sigaralar yakıp efkârlanıyordum. Bu yolda yalnız yürümek psikolojimi, bedenimi fazlasıyla yoruyordu. Her şeye inatla aklım, gönlüm daha büyük hedeflere meyil ediyordu. Birileri yanlış yolda olduğumu bana inandırmaya çalışırken ben o an kafamda büyük projeleri tasarlıyordum.

Uykusuz geçen gecelerimde uyuyamadığımı gören anacığım bana kızsa da dayanamıyor, benimle sabahlıyordu. Onun dizine başımı koyup beni üzen, yoran ne varsa gözyaşı halinde içime akıtıyordum. Birlikte sessiz sedasız ağlaşıyorduk. Ağlarsa anam ağlar dedikleri…

Sözleşmesini yaptığım arsanın inşaatına bir yıl sonra başlayacaktım. Anlaşmamı bu şartta yapmıştım. Bu süreçte daireleri satacak, biraz daha önümü görerek huzurla yapmak niyetindeydim. Bu inşaatı bitirip bir yıl içinde diğerine başlayacaktım ve aklımı çelecek her türlü işe gözümü kapamış, sadece siyasette ve bir iki inşaata odaklanmıştım ki mahalleden arkadaşım Ayhan ziyaretime geldi. Kendisi bir şirkette özel şoförlük yapıyordu. Benim işlerimi görüp beni diğer insanlar gibi zengin bir müteahhit olarak tanıyordu. Aksini inandırmam zaten çok zordu. "Davut ağabey," dedi. "Benim patronumun Osman Bey Kodaman Sokak'ta eski üç katlı bir binası var. Babasından kalmış. Burayı iyi bir müteahhide vermek istiyor. İlgilenir misin?" diye sordu.

"Evet," dedim kendime hayret ederek... Nasıl olacak, nasıl bitecek hiç düşünmeksizin. Ardından ekledi. "Yalnız patronum Tevfik Bey titiz adamdır. Çok müteahhit geldi ve hiç biriyle anlaşamadı," dedi. "Randevu ayarla... Görüşmek istiyorum," dedim. Her işim gibi zor olan beni yine cezbetmişti. Önce arsayı gidip gördükten sonra Tevfik Bey'in Maçka'daki evine gittim. Yanında avukatı vardı. Kendisi hiç konuşmuyor, sadece avukatı konuşuyordu. Arsa çok güzel ve değerli bir yerdeydi. Osman Bey Kodaman Sokak'ta tekstilcilerin gözde semtindeydi. Hele ki dükkânlar çok iyi para ediyordu.

Bu yerle ilgili birkaç kez toplantı yaptıktan sonra zemin kattaki depolu ve asma katlı üç yüz metrekare dükkân ve en üst kattaki daireyi bana, kalan üç kat Tevfik Bey'e kalacak şekilde bir teklif hazırladım. Sunduğum teklif kabul edildi. Sözleşmede inşaatı zamanında teslim etmediğim takdirde yüklü bir miktar ceza ödeyecektim. Bunun benim için hiçbir hükmü yoktu. "İstediğiniz rakamı ekleyin," dedim. Kendime olan inancım sonsuzdu. Bunu da söylediğim bu açık teklifle karşı tarafa göstermiştim. Hiçbir müteahhitle anlaşamayan Tevfik Bey, benimle sözleşmeyi imzalamıştı.

Artık önümü daha iyi görebiliyordum. Yol haritam belliydi. Kimin ne dediği artık umurumda değildi. Sattığım daire ve dükkânımın parası bitmişti. İnşaat büyüktü. Dokuz yüz metrekare inşaat alanı vardı ve fazlasıyla maliyetliydi.

Osman Bey'deki üç katlı binanın kiracılarını ziyarete gittim. Bu binayı aldığımı, yıkıp yerine iş hanı yapacağımı ve boşaltmalarını söyledim. Dönüşte köylümüz olan Seyfettin ağabeyi ziyarete gittim. Seyfettin ağabey konfeksiyon işi yapıyordu. Kendisini güzel yetiştirmiş, çok çalışmış, yoksulluktan zenginliğe yükselmişti. Köyümüzde takdir görmüş, çizgisini, duruşunu hiç kaybetmemişti. Saygıdeğer bir ağabeyimizdi. Sohbet arasında, "Arka sokakta bir yer almışsın. Hayırlı olsun," dedi. 'Eğer yapacağın iş hanında giriş kat dükkânın varsa oraya talibim," dedi. "Üç yüz metrekare bir dükkânım var. İstersen satarım," dedim. Seyfettin ağabey beni çok seviyordu. Kendisi gibi mücadeleci ve cesaretli olduğumdan ötürü saygısı da güveni de sonsuzdu. Bana bu dükkânın fiyatını sordu. Osman Bey'de mağazalar çok kıymetliydi. İnşaat bitiminde dükkânı çok daha büyük paralara satabilirdim ama diğer taraftan inşaatımı devam ettirecek parayı bulmam. Verdiğim sözleri tutmam her şeyden daha mühimdi. O zamanın parası dükkânın bir milyardan daha fazla edeceğini biliyordum ama ne kadar olacağını kestiremiyordum. Ağzımdan bir milyar çıktı. Değeri de buydu. Çok büyük bir rakamdı ama uzun vadede kazanan o olacaktı. Seyfettin ağabey ise Beş yüz milyon teklifte bulundu. Kasayı gösterip, "Paran burada... Kabul edersen gel al," dedi.

Akşam büyük inşaatımın betonu dökülecekti ve beş kuruş param yoktu. Demir ve betoncunun parasını sonra ödeyebilirdim ama kalfa ve ekibinin parasını akşam ödemeliydim. Seyfettin ağabeyle altı milyon liraya el sıkıştık. Aramızda bir protokol hazırladık. On iki ay içinde teslim etmek şartıyla paramı teslim aldım. Bu parayla hem devam eden inşaatıma hız kazandıracak hem de Osman Bey'deki iş hanına başlayacaktım. Osman Bey'deki kiracılar eğer on beş gün içinde evlerini boşaltırlarsa on beş lira her birine para vermeyi teklif ettim. Kabul ettiler ve evleri boşalttılar.

Kaba inşaatım yaklaşık dört ay sürdü. İki inşaatım da hız kesmeden devam ediyordu. İnşaatımın çatısı kapanmıştı ve dış cephe çalışmaları başlamıştı. Her sabah olduğu gibi inşaatlarımı kontrol etmeye gittim. Osman Bey'deki inşaatımı karşı kaldırımdan seyrediyordum. O sırada yanıma bir beyefendi geldi. İnşaatımın karşısındaki mağazanın sahibi olduğunu söyledi. Hemen ardından zemin kattaki mağazayı satıp satmadığımı sordu. Dükkânı satmıştım fakat ne kadar teklif edeceğini merak ediyordum. Beni mağazasına davet etti. "Bir çayımı iç, konuşalım," dedi. Çayımızı içerken bana bu mağazayı kendisine satarsam on milyar vereceğini söyledi. İtiraf edeyim ki bu meblağ karşısında nutkum tutulmuştu. Elimdeki sıcak çayı bir yudumda fondipledim.

Değerini az çok tahmin ediyordum ama bu kadar büyük bir teklife hazır değildim. Ne diyeceğimi bilemedim. Kısa bir şoktan sonra kartvizitini alıp teklifini düşüneceğimi söyleyerek yanından ayrıldım. Devam eden işlerim için Seyfettin ağabeyle bu pazarlığı yapmak zorundaydım. Bu yüzden bu kayba takılıp üzülmenin manası yoktu. Hemen Seyfettin ağabeyin yanına gittim ve konuyu açtım.

"Sana söz verdiğim dükkânın başka alıcısı çıktı. Dükkâna on milyar teklif ediyor. Al, bu da kartviziti. İstersen teklifini bir düşün," dedim.

Seyfettin ağabeyle yaptığım kâğıt üzerindeki protokolün feshinde hiçbir cezai yükümlülüğüm yoktu. Sonuçta satışını yapmamıştım. İrademe hükmedecek, verdiğim sözden beni caydıracak kadar büyük bir meblağdı bu ama vermiş olduğum söz, ticari duruşum, her zaman bana kazandıran dürüstlüğüm, her şeye ağır basıyordu. Paranın büyüklüğü hayata bakışımın üstesinden gelemezdi. Gelmedi.

Ne yalan söyleyeyim, bir taraftan çok üzülmüştüm ama buna takılı kalamazdım. Seyfettin ağabeyin yanından çıkıp belediyeye gittim. Bu üzüntüm yüzümden de anlaşılıyor olacak ki bir arkadaşım, "Ne oldu sana? Rengin, benzin atmış," diye sordu. "Bana bir çay koy da anlatayım. Bakalım senin rengin nasıl olacak?" dedim. Durumu anlatınca, "Bu fırsatı nasıl geri çevirirsin. Adama iki milyar teklif etsen anlaşmayı bitirip en kötü sekiz milyar kazanırdın," diyerek bana kızdı. Fakat dediğim gibi sözümden caymak bana yakışmazdı.

İş hanının ve büyük inşaatımın çalışmaları bitmek üzereydi. Yeni yapacağım inşaatımın proje çalışmalarına devam ediyordum. Çevremdeki herkesin gözü üzerimdeydi. Girişimlerim ve çalışmalarımın sekteye uğramasını bekliyorlardı. Her kötü niyetli insanın uğradığı hüsrana, onları karşılaştırmak için gün sayıyordum. Dedikodular ayyuka çıkmıştı. "Bu inşaatları bitiremez," söylentileri daire alacak müşterileri bile tedirgin ediyordu. Gerekirse zarar bile ederek canım pahasına bu inşaatları bitirecektim. Kimseyi mağdur etmeden, kötülere fırsat vermeden bu işlerimi nihayete erdirmek artık boynumun borcuydu. Seyfettin ağabeye kazandırdığımı bilmeden, "Seyfettin olmasa batardın!" diyorlardı. Oysaki hiçbir insanın yapamayacağı, belki de insanın önüne çıkmış bir fırsatı başkasına devrederek dürüst bir insanın ne demek olduğunu onlara göstermiştim.

92 yılında şahıs şirketi, limited şirketine dönüşmüştü. Büyük oğlum Vedat'ı hissedar yaptım. Başladığım bütün inşaatları tamamlamış, herkesin yüzünü kara çıkartmış, endişeli olan aileme nihayet kendimi kanıtlamıştım. Siyasi kimliğim ticaret hayatımda bana büyük katkı sağlıyordu. Bir arsaya talip olduğumda, "Ben müteahhit Davut Topoğlu... Aynı zamanda meclis üyesiyim," diye kendimi tanıtıyordum. Başkaları benim bu ifademden dolayı bile rahatsızlık duyuyordu. Tahsilim, servetim, sırtımı dayayabileceğim kimse yoktu. Bu yokların arasına sahip olduğum bu iki vasfı bile dillendirmek kimilerine küfür gibi geliyordu. Onlar hasetlikleriyle yaşamlarını idame ettirirken ben daha büyük hedeflere yol alıyordum. Tahsil açığımı mesleğim ve siyaset alanında çok okuyarak, çok dinleyerek doldurmaya çalışıyordum. İnşaatlarım devam ederken meclis üyeliği görevlerimi de hiçbir zaman ihmal etmiyordum.

# VI

Okuma alışkanlığım her alanda ve her branşta ayrım etmeksizin devam ediyordu. Bakkal çıraklığından askerliğime kadar, bakkal sahipliğinden ikinci bakkal dükkânıma kadar ne işle ilgileniyorsam o konu hakkında bilgi sahibi olmaya sanki yemin etmişim gibi davranırdım. Bilgi açlığım vardı. Bu yüzden inşaat sektörüne giriş yaptıktan sonra gayrimenkul hukukunu baştan sona öğrenmiştim. İmar mevzuatını, imar yönetmeliklerini, ticaret hukukunu âdeta üniversitede eğitim almış kadar kendimi geliştirmiştim.

Babam ya da annem beni okutamamıştı. O zamanlar imkânımız yoktu. Oradan kalan içimdeki ukde beni çalışkan bir öğrenci, bazen de azimli bir öğretmen yaptı. Yeni adım attığım bu alanda da böyle olmak zorundaydım. Çünkü mülk sahiplerin çoğunlukla bir kısmı yüksek tahsilli insanlardı. İstanbul'da hissedarlı mülkler genellikle zengin ailelerden, kısmen de olsa bu bahsettiğim okumuş ailelerden intikal ediyordu. Dolayısıyla bu insanların karşısına çıktığınızda hem genel kültürünüz hem teknik bilginiz, konuşmanız, hatta giyiniş tarzınız bile sizin nasıl bir insan olduğunuzu şekillendiriyordu. Bu da neticeye varmanız için oldukça önemli ve olması gereken şeylerdi. Ufak bir örnek verirsem daha önce de anlattığım gibi ilk inşaatım müteahhitle sorunluydu. Halide Hanım ile bir plan yaparak teknik bilgim, konuşmam ve Halide Hanım'a vermiş olduğum güven sayesinde müteahhiti ikna etmiştim. İnşaat işleri sandığımdan biraz zordu tabii. Her insan yapacağını düşünür fakat sorunlu bir malik çıktığı zaman bu işin bu kadar kolay olmadığını o zaman anlarsınız. Biraz ısrarcı olmak ve sonunda kâr yapacak şekilde bir plan kurmanız gerekir. Ben de sonradan anladım ki iyi para kazandıran yerler aslında sorunlu yerlermiş. Yani çok hissedarlı ya da problemi olan yerler olması gerekiyordu. İyi para kazanmak bunların durağından geçiyordu. Ben de inşaat yapma biçimimi bu strateji üzerine kurdum.

# VII

Eski siyasi partiler artık kurulmuş, insanlar da kendi partilerine kavuşmuştu. Sayın Özal'ın dört eğilimli Anavatan Partisi düşüşe geçmiş, sanki bir siyasi tarih kapanıp yeni bir siyasi dönem başlayacaktı. 12 Eylül öncesi siyasi arena yeniden kaldığı yerden tekrar devam ediyordu. Doğru Yol Partisi Teşkilatı'nın kurucuları arasında yer aldım. Yani İstanbul İl Teşkilatı'nda ve Şişli İlçe Yönetim Kurulu üyeliğimle aktif siyasete başlamış oldum. Siyasetle ticareti birlikte yürütmeye çalışıyordum. Hep diyorlardı siyasetin okulu yoktur diye. Bu cümleyi insan içine girince daha iyi anlıyordu. Sırasıyla bütün hayallerimi gerçekleştirmiştim. Geriye siyasetin içinde aktif olmak vardı. Bunun için de ilk adımlarımı yavaş yavaş atıyordum. Aktif siyasetin içine girdikten sonra birkaç yıl siyasetin içini, biçimini, yapılış şeklini, görünmeyen yan ve yöresini, konuşanları ve nasıl konuştuklarını, neler konuştuklarını, hitabetlerini, bilgi birikimlerini, tahsil faktörünü denildiği gibi tam bir mekteptı. Ama öğreten bir hocası yoktu. Sen kendi kendine öğreneceksin. Siyasetin bir netice alma sanatı olduğunu, devletin kurumları nezdinde hiyerarşi silsilesinde ve düzeninde, itibar gören bir kurum olduğunu, eğer gelecek vaat eden bir siyasetçi figürü olma yolunda iseniz etrafınız tarafından derhal keşfedilirsiniz. Hele ki devlet kurumlarındaysanız vazife yapan memurlar tarafından daha yakın markaja alınırsınız. Çünkü onların terfi etmelerinde sizin kimliğinizden ve siyasetinizden katkı sunmanızı bekleyeceklerdir.

Siyasi partiler, millete hizmet etmede bir aracı konumundadır. Elbette her partinin ideolojisi farklıdır. Tüzüğü farklıdır. Dünya görüşü farklıdır. Dolayısıyla siz de parti kurumu üzerinden insana hizmet etmeyi amaçlamışsanız, yani örneğin benim gibi köyünden başlayarak, "Belediye meclis üyesi olacağım. Bu görevimle de bölgemin insanlarına yardım edeceğim," diye bir iddianız olacaksa işte siyasetin içindeki faktörlerle hem yüzleşecekseniz hem de yaşayacaksınız.

Bu faktörler nelerdir denilecek olursa işte orada durulacak demektir. Çünkü bu faktörleri ne ben ne de benim diyen siyaset bilimcisi ne sayabilir ne de anlatabilirdi. Çünkü bu faktörler öyle çok ve öyle yaman şeyler ki bazen görünmez, bazen okunmaz, bazen görünür, bazen de seni cin çarpmışa döndürür.

Tahsil faktörü siyasetin en başta gelen argümanıdır. Kimliğidir. Etiketidir. Yani siyasetin içinde iki tip insan görürsünüz. Birisi siyasette gelecek vadeden politikacı portresidir. Seçimler geldiğinde bu insan muhakkak bir yerlere gelecektir kanaatini oluşmasını sağlayan politik aktör adayıdır. Tabii bu kanaatin oluşmasını sağlamak o kadar kolay da değildir. Bu yüzden tahsil en başta gelen argümandır. Çünkü iki tip insan üzerinde etkin ve yetkin olunması gerekir. Bu iki tip insan ise parti teşkilatlarında yer alan parti üyeleridir. Bunların gayeleri ise gelecek vaat eden politikacılar üzerinden kendilerine siyasi menfaat devşirmek istemeleridir. Altını çizeceğim şu husus da çok önemlidir. O da şudur. Evet, tahsil çok önemlidir ama tek başına yetmez. Politikanın bir başka tarifi de güzel ve akıcı konuşma sanatıdır.

Eğer siz aldığınız eğitiminizi hayatın gerçek kesitleriyle ve yaşamın olağan şartlarıyla, kendinize olan özgüveninizle de harmanlayıp sizi dinleyen insanlar üzerinde inandırıcılığınızı ispat edemezseniz netice alamadınız demek olacaktır. Buradan kastettiğim şudur. Politikacının en büyük sermayesi insandır. Yani hem partililerinizdir hem de vatandaşlarınızdır. Yeri gelir partililerinize hitap edersiniz, yeri gelir sade vatandaşa hitap edersiniz. Her iki kesime de etki edecek, onların beğenisini kazanacak bir politikacı portresi oluşturmalısınız. Yani evet tahsiliniz var, akademik kariyerinizin olması çok da güzel ama bildiklerinizi ve belleğinizdekileri sizi dinleyen insanlara anlatamıyorsanız, aktaramıyorsanız, yani daha kendinizi bile ifade edemiyorsanız o zaman nasıl netice alacaksınız?

Gelelim tahsili olmayan ama iyi bir politikacı olmak isteyen, kendine hırs yapan, köyünden, o köy odasındaki büyüklerinin konuştuğu, "Siyasette ben de olacağım ve ben de bir yerlere geleceğim. İnsanlara yardım edeceğim. Benim de siyasi bir kimliğim olacak. Cemiyet içine gireceğim ve ben de saygın bir kişi olacağım," diye siyasete girenlerden ve onlardan biri olan bendeniz Davut Topoğlu'na.

Ben hayatın her alanında, Dünya'da, Türkiye'de, her yerde tahsil yapmış, branşında ihtisas da yapmış, dolayısıyla kendini geliştirmiş her insana hayranlık duyan birisiyim. Çünkü bu insanlar doğruyu eğri anlamayan, yalanı doğrudan ayırt eden, konuşulanı dosdoğru anlayan, maksadı mucit olanı ayıran, kendini ifade eden, kendini ifade edemeyenin de meramını anlayabilen aklıselim bir aydın insan olduğu için yüreğimin en derinliklerinden gelen sevgi, saygı, kadri kıymetle değerlendiriyorum.

Siyasetin içinde hem tahsilli hem ekonomik durumu iyi ve çevresi de geniş, hatta İstanbul İl Başkanlığı'nda yakınları da olan, yetmedi Ankara'da Genel Merkez'de de dayıları olanlar da vardı. Ve Milliyetçilerdi. Yani birbirleriyle kenetleniyorlar, biri bir yere aday olduğu zaman topyekûn onun arkasında olur, bu davranışlarını da her platforma taşıyorlardı. Bir bakıma siyasetin gereğini yapıyorlardı. Ben ise bu tabloyu imrenerek izliyor, onların bu dayanışmalarına mest oluyordum.

Parti teşkilatı içinde çok ciddi çekişmeler oluyordu. Hatta bazı kereler hizipçilik yapılıyordu. Yani ne bileyim işte Karadenizliler Grubu, Doğulular Grubu gibi. Dolayısıyla yaklaşan seçimlerde kimlerin nereye aday olabileceği üzerinde kulisler yapılıyor, Ankara bağlantılarını devreye almaya başlıyorlardı artık. Marifet, seçimler geldiğinde bir yerlere aday olmak için aday olmamaktı. Yani aday olduğunda kazanılacak sırada olmalı ve de kazanılmalıydı. Yoksa aday oldum ama bilmem kaçıncı sıra neye yarardı egonu tatmin etmekten başka.

Tabii seçimlere kadar geçen yıllar içindeki faaliyetlerin önemi bu yaklaşan seçimlerde emaresi görülecekti. Yani dedim ya parti içinde senin de istediğin belediye meclis üyeliğini isteyen onlarca partililer vardı. Hem de yukarıda belirttiğim gibi çoğunun tahsili vardı, çevresi vardı. Yetmedi, Ankara'da da dayıları vardı.

Çok sıkça yaşanılan bir faaliyetten bahsedeyim sizlere. Dedim ya parti çalışmaları insanlarla yapılır. Yani hedef kitleniz insan ve insanlar. Çünkü seçimlerde onların reyiyle amacına ulaşacaksın. Başkaca da bir yol yok. Öyle ise onların gönlünü kazanacaksın. Bunun yolu da konuşmaktan, üstelik de iyi konuşmaktan, etkileyici konuşmaktan geçerdi. Bu da yetmeyecek, insan psikolojisinden de anlayacaksın ve buna göre de davranış biçimini ayarlayacaksın.

Bütün bu anlattıklarıma parti içi çalışmalardan bir örnek vermek isteyecek olursak: Önümüzdeki şu günü, şu saatte falan mahallemizin filan caddesindeki bilmem ne salonunda partimizin toplantısı olacaktır ve konuşmacılarımız ise (örnek olarak) partilimiz Hüseyin bilmem ne. İkinci konuşmacımız Hasan bilmem ne ve üçüncü konuşmacımız ise Davut Topoğlu olacaktı.

Neden böyle bir örnekleme yaptın derseniz benzerini çokça yaşadım da onun için. Yani konuşmacıların arasında yer almayabilirdim. Kimse bana zorla çık, konuş demiyordu. Ben de arkadaşlarımla beraber oturur, konuşan konuşmacıları dinlerdim. Ben ise, "Hayır, topladığım bütün bilgi birikimlerimle ve siyasi cesaretimle çıkıp bu beş yüz ya da bin kişinin önünde konuşacağım. Hem de akıcı, güzel ve çok etkileyici konuşacağım," diyordum. Onun için bu konuşmacıların arasında ben de olacağım diye kendimi hazırlıyordum.

Konuşmacılar kürsüye çıktıklarında, yani henüz konuşmalarına başlamadan dahi etkileyici bir selamla girişlerini yaparlardı. Birisi, 'Ben avukatım,' diyerek söze başlardı. Diğeri de, 'Ben yüksek inşaat mühendisiyim,' diyordu. Bunlar izleyenlerin üzerinde psikolojik bir etki bırakıyordu. Zaten bunu bildiklerinden konuşmanın en önüne unvanlarını konumlandırıyor ve konduruyorlardı.

Evet, birazdan da ben çıkacaktım o aynı kürsüye ve aynı mikrofona. Ne diyeceğim ilk önce? En önden onlar gibi ben de, "Şu fakülteden mezunum ve mesleğim de şu," diyemeyecektim. Çünkü öyle bir etiketim yoktu. Öyleyse ben bu insanları nasıl etkileyecek ve de karşılarında gelecek vaat eden bir politikacı portresi oluşturacaktım? Üstelik benden önce konuşan hatipleri ve onların konuştuklarını unutturacak, ehemmiyetsizleştirecek, tüm dikkatleri üzerimde toplayacak bir konuşma yapmalıydım. Bu durumda, insanların karşısında o mikrofon bile çoğu zaman önünüzde dururken bir sorun çıkartır, ses çıkmaz, sesimi kötü çıkartır vs. gibi... Bunlar size biraz abartı gelebilir fakat bu işin psikolojik boyutu da var. Bunu da az çok bileceksiniz. Kısaca derleyip toplayıp yeni, yepyeni ufuklara doğru vatan ve millet olgusunu da çok güzel işleyecek ve konuşmanızı süsleyecek, selamlamanızla da bitirecektiniz.

# IX

Mahalli idareler seçimi yaklaşmıştı. Yani belediye meclis üyeliklerine aday olacaklar orta yere çıkmaya başladı. İl Genel Meclis üyeliklerine de adaylıklar olacaktı. Yoğun kulis faaliyetleri gece demeden, gündüz demeden çalışmalarına devam edecekti.

Partimiz Doğru Yol partisi, Şişli'de en fazla üç tane belediye meclis üyesi çıkarabiliyordu. Anket sonuçları böyle söylüyordu. Şişli Belediye meclis üyesi toplam sayısı otuz yediydi. Ancak bu yere en az üç yüz aday adayları müracaat ediyordu. Bu adayların birçoğunun hem ilde hem de Ankara'da, yani Parti Genel Merkezi'nde ağası, dayısı vardı ve hem de yüksek tahsilli ve akademik kariyeri olan insanlardı.

Benim ise dedim ya ne tahsilim vardı ne param ne çevrem ne İl Başkanlığı'nda ne de Ankara'da tanıdığım kimsem vardı. Öyleyse bütün bu olmayanlarla nasıl olanların ara yerinden sıyrılarak bu üçünün arasına girecektim ve aday olacaktım. Evet, dedim ya siyasetin birçok yanı vardır diye. Yani psikolojik yanından tutun da görünür görünmez yanlarına kadar. Anlat denilse bile anlatılamayacak kadar çok ve ancak yaşanılarak öğrenilebilen bir kurumdu.

Her seçimde olduğu gibi bu aday adaylığı süreci de çok çekişmeli geçti. Topladığım ve öğrendiğim bilgilere göre sadece bizim partide değil, neredeyse her partide aday adaylığı seçimleri sıkıntılı geçiyormuş. Müracaat sayısı da üç yüzü geçmişti ve seçimlerin yapılmasına çok az bir zaman kalmıştı. Dolayısıyla da heyecanımız gittikçe çoğalıyordu.

Partimizin Şişli ilçesinden çıkaracağı meclis üyesi sayısı üçtü. İlçede okunan listede ben ikinci sıradaydım. Birinci sırada il başkanımız Orhan Keçeli'nin amcaoğlu Avukat Muharrem Keçeli, ikinci sırada bendeniz Davut Topoğlu, üçüncü sırada ise İstanbul Şoförler Cemiyeti Başkanı Abdullah Silahyürekli vardı. Listeler onaylandı ve Seçim Kurulu Başkanlığı'na verilmek üzere ilçe başkanlığına gönderildi.

Seçim süresince istediğim olmuştu. Partinin kazanabilecek sıralamasında adaydım. Fakat partideki diğer insanların hallerinden, tavırlarından üzerimdeki baskılarını, kötü fikirlerini, tahsilim olmadığı için hakkımdaki düşüncelerini az çok duyabiliyordum. Birinci ve üçüncü aday hakkında itiraz ettikleri hiçbir şey yoktu. Ama söz konusu ben olunca herkesin hakkımda söylediği şeyler oluyordu. Beni kabullenemiyorlardı. Sürekli ikinci sıraya nasıl Davut Topoğlu'nu sokarlar gibi dedikodularını duyabiliyordum. Ben ise başım dik, etrafımdan beni engelleyecek, önüme geçecek ne var ise hiçbir şeye aldırış etmeden her şeye karşı gardımı almıştım.

# X

İnşaatlarım tamamlanmıştı. Devam eden tek bir inşaatım vardı. Dolayısıyla yeni yerler keşfindeydim. Vali Konağı Caddesi'nde uzun yıllar boş duran üç tane arsa vardı. Üç parselden oluşan bu arsaların maliklerini bulmak için yine tapu bilgilerine ulaşıp Tescil Müdürlüğü'nden arsa sahiplerine ulaştım. Bu yer diğerlerinden farklıydı. Tamı tamına yirmi beş hissedar vardı. Aynı aileden bile değillerdi. Hepsi farklı kişilerdi. Tapu Müdürlüğü'nden dosyaları inceledim. Her bulduğum detay beni karamsarlığa itiyordu. Neredeyse yirmi beş otuz müteahhit buraya talip olmuş, hiçbiri de muvaffak olamamıştı. Yine de denemeye değer gördüğüm bu yerin sahiplerine ulaşıp hızlıca temasa geçmeliydim. Adreslerine bakılırsa tahminimce arsa sahiplerinin hiçbiri sıradan insanlar değildi. İstanbul'un sayılı ve elit insanlarıydı. Kimi Ortaköy'deki Naile Sultan Korusu'nda oturuyor, kimi Yeniköy'de bir yalıda... Bu insanların karşısına çıkmak, üstelik ticari bir alışveriş yapmak kolay olmayacaktı. En az onların tahsiline sahip olmak, kültürlerine hitap etmek gerekiyordu.

Tabii en önemlisi de bu arsaların alınması halinde inşa edilecek projenin maliyeti de azımsanamazdı. Çalışmalarıma göre projenin maliyeti elli milyarı aşkın bir rakamdı. Benim toplam sermaye ise beş milyarı geçemezdi. Bu proje için müthiş planlarım vardı. Vali Konağı Caddesi, İstanbul'un en güzel semtlerinden biriydi. İnşaata bir başlasam, bitirmeden bütün dairelerini satacağıma ve bu maliyeti karşılayabileceğime inanıyordum. Arsa sahipleriyle temas kurmaya, görüşmelere başlamıştım. Karşılığında büyük bir müteahhit olarak çıkmış, müteahhit kimliğimi tamamlayacak her türlü lükse sahip gözükecektim. Bu süreçte almış olduğum siyah Mercedes'in, yakamda olan altın kaplama belediye meclis üyesi rozetim, itimat telkin ediyordu.

İki yıl boyunca tek tek bütün hepsiyle görüşmüş, işi belli bir olgunluğa ulaştırmıştım. Artık bu konuda ısrarlı ve kararlı olduğumu onlar da görüyor ve bana yardımcı oluyorlardı. Diğer yerlerde olduğu gibi burada da maliklerin arasında ve belediyede imarla ilgili birtakım sorunlar vardı. Eğer bu sorunları da çözersem ticari hayatımda bir sıçrayış yapacaktım. Sırada en zor kısmı malikleri bir araya getirmek, onları ortak paydada toplamak kalmıştı.

# XII

*Tesadüfler yolun bir kısmını çizebilir ama kalan kısım bizim tercihlerimizle belirlenir.*

Bu görüşmenin nerede yapılacağının organizasyonuna kadar her şeyi ayarladım. En son toplantının yeri olarak maliklerden birinin oturduğu Naile Sultan Korusu'nun içinde bulunan, malikânelerden birinde yapılmasında karar kılındı. Ortaköy'ün sırtlarında, denize hâkim, muhteşem manzarası olan bu malikâneye gidecek ve "Erzincan'dan geldim, tahsilim yok, sizin bu arsaları almak ve şu projeyi yapacağım," mı diyecektim? Evet diyecektim. Bunları diyebilmek için günde sekiz on gazete okuyordum. Bu cesareti toplayabilmek için bunca emek sarf ediyordum. Okumak, öğrenmek, kendini geliştirmek dört duvar arasında olmadığı gibi cesaret de zenginlere özgü olmamalıydı. Hissedarlarla bir araya geleceğimiz bu toplantı çok mühimdi. Toplantıya katılırken yanımda bir ekibim olmalıydı. Mimarım, bir mühendisim, birkaç tane teknik elemanım, asistanım gibi... Karşılarına kurumsal bir firma niteliğinde çıkarsam gözlerindeki itibarım artacaktı. Ama bunu nasıl yapacaktım?

Meclis üyeliğimin yanında Doğru Yol Partisi üyesi olarak yedi kişilik bir imar komisyonunda raportördüm. Komisyon başkanından rica ettim. Kendisi hem hemşerim hem de arkadaşımdı. Durumu ona izah ettim. "Şu gün şu saatte bir toplantım var. Benim şirketimde çalışan temsili mühendisim olur musun?" dedim. Sağ olsun beni kırmayıp kabul etti. Çalıştığım mimar ve diğer birkaç arkadaşımla organizasyonu yaptık. Ve o gün geldi çattı. Hayatımın dönüm noktasıydı. Bu yüzden hiçbir hataya izin vermemeliydim. Bu sebepten dolayı bütün temsili ekiple bir iki saat öncesinde hazırlık toplantısı gerçekleştirdim. Herkes oradaydı. Mimarım da gecikmeli olarak aramıza katılmıştı. Fakat kıyafeti resmiyetten uzak ve bu toplantıya uygun değildi. Randevu saati de yaklaşmıştı. Cebimdeki bütün parayı kendisine uzattım. "Hemen Osman Bey'e git. Üzerine bir takım elbise al. Eline de bir evrak çantası al," dedim.

Bir hızla alışverişini tamamladıktan sonra mimarı da takım elbiseler içinde görünce artık rahatlamıştım. Kurumsal bir şirketin ekibi olarak tamamlanmıştık. Şartlar ne olursa olsun iki yılda uğraştığım bu işten başarı ile çıkmalıydım. Onlara toplantıya gitmeden, "Mümkünse konuşmayın. Baktınız ki teknik olarak hatalı konuşmaya başladım. O zaman sözümü kesin ve durumu toparlayın," diyerek ekibimi sıkı sıkı tembihledim. Temsili ekibimle arabama bindik. Naile Sultan Yalısı'na doğru yola koyulduk. Naile Sultan'daki malikâneye vardığımızda bilmediğim bir şey vardı. O da buranın hangi hissedara ait olduğuydu. Onu da birazdan öğrenecektim. Taslak çalışmalarım çantamda, ekibim arkamda, heyecanımız doruktaydı. Görsel olarak da harika gözüküyorduk. Malikânenin kapısına vardık. Kılık kıyafetlerimizi son kez gözden geçirip zili çaldık.

Ve kapı açıldı. Gözlerime inanamıyordum. Bu karşılaşmayı hele ki şu günde aklımdan bile geçirmezdim. Karşımdaki kadın yirmi iki yaşımda, bakkalımın karşısında beni ilk kez heyecanlandıran, imkânsız olarak maziye gömdüğüm o kadın vardı. Nermin…

O da aynı şaşkınlıkla beni karşıladı. Evet, adımı belki çok duymuştu ama şirket sahibi Davut olduğumu, bakkal dükkânı zamanında tanıdığı Davut olduğumu nereden bilebilirdi. Onun geçmişinde ben belki de Bakkal Davut olarak kalmıştım. Bunu henüz bilmiyordum.

Hayat nelere kadirdi! Onun şaşkınlığı da bunun en güzel kanıtıydı. Nermin, bu arsanın sahiplerinden birinin oğluyla evlenmiş. İki tane çocuğu olmuş. Belli ki çok da mutluydu. Hayatımın bu döneminde bile onu görmüş olmam beni ileriki yıllarda bile kendisinden bahsedeceğim bir anı olarak kalacaktı. Nermin bizi gördükten kısa bir süre sonra bizi içeri buyur ederken bir taraftan da gülerek eşine sesleniyordu. "Müteahhit dedikleri meğer bakkal Davut'muş" diye…

Beni bakkal Davut'muş diye tanıtmasının karşısında çok bozulmuştum. Bunca hazırlık, bunca ekip çalışması karşısında 'Bakkal Davut' demesi hoş değildi. Nermin, eşine seslenmeye devam ederken bir yandan da ben içimden, 'Yapma gözünü sevdiğim, işime taş koyma,' diyordum. Ama nafile. O bağırmaya devam ediyordu. Bakkal Davut diye tabirde bulunması iki yıllık emeğimi boşa çıkaracak diye ödüm kopuyordu. Nermin'in bağırması bittikten sonra dekoru baş döndüren, ışıl ışıl eşyalarla parlayan o görkemli salona geçtik. Bütün hissedarlar toplanmıştı. Hepsini tanıyordum. Biraz hasbihal ettikten sonra ekibimi de tek tek tanıştırdım. Yanlarında en az onlar kadar kendinden emin ve dimdik duruyordum. Nitekim bu arsalar üzerinde inşa edeceğim projemi maliklere anlattım. Anlattıklarım karşısında maliklerin yüz ifadelerinden herhangi bir olumsuzluk sezmiyordum.

Görüşmemizin devamında sıra mal sahibi ve müteahhit hisselerinin paylaşımına gelmişti. İlk yaptığım teklif gibi yüzde elli paylaşım teklifinde bulundum. Onların bunun karşısındaki talebi ise benim payıma düşen dairelerin üzerine ipotek konulmasıydı. Arsaların tamamının üzerine elli daire yapılacaktı. Dolayısıyla da şu demek oluyordu. Onların ipotek koyması bana ait olan daire ve zemin kattaki mağazalarının inşaat bitimine kadar hiçbir satışı olmayacaktı. Ben ise onların talebine karşı, "Ben bu binayı bitirip sözleşme şartlarına bağlı kalarak buradan daire satabilmeliyim. Aksi takdirde size mahcup olmak istemem," dedim.

O sırada Nermin tam bu hassas konuyu konuşurken, "Siz Davut Bey'e bakmayın, o çok zengindir. Hiç satış yapmadan da o inşaatı bitirir. Kendisini çok iyi tanıyorum," diyerek beni güçlü ve güvenilir biri olarak lanse etmesi, bu güzel tanışıklığımızdan ötürü olayı lehime çevirmişti. Nermin'in yaptığı bu davranış beni onore etmişti.

Toplantıdan neticemi almıştım. Tüm hissedarlarla anlaşmış ve el sıkışmıştık. Anlaşmamız sözleşme hazırlanarak noter marifetiyle imzaya kalmıştı. Ben artık yüzük taşı gibi Nişantaşı'nın göbeğinde parlayan arsaların tamamını almıştım. Toplantımız bitti. Herkesle tokalaşıp malikâneden çıktık. Arabaya bindik. Bütün arkadaşlarıma teşekkür ettim. Onlar da şunu söyledi. "Biz bu toplantıda kendimizi senin gerçekten yanında çalışıyoruz gibi hissettik. Meselenin her yönüyle kadim bir bilgiyle konuştun. Kendi kendine işi bitirdin. Bize hiç gerek kalmadı," diye övgülerde bulunuyorlardı. Bu işin tahsilini görmüş insanlardan bu sözleri duymak onur vericiydi.

Fakat bu arsaların bir kısmının henüz imar problemlerini çözememiştim. Sorunsuz olan parselin hemen inşaatına başladım. Ama diğer iki parsele başlamam için yaklaşık iki seneye ihtiyacım vardı. Planla ilgili sorunları olduğundan dolayı bu zaman zarfında bu arsaların boş kalması beni rahatsız ediyordu. Buraya ne yapılabilir diye düşünüyordum. Bir gün arsayı yerinde değerlendirmek için arsanın içini gezmeye başladım. Ve gördüm ki o kadar ağaç ve diz boyu yabani otlar vardı ki. Bunları nasıl halledecektim? Arsanın etrafındaki bütün evlerin arka cephesi, yani yatak odaları bu arsaya bakıyordu. Bunu da bir sorun olarak gördüm. Arsayı dolaşırken belki beni ilk defa gördüklerinden ya da yabancı bir kişi gördüklerinden dolayı sanırım apartmanın pencereleri açılıyor ve apartman sakinleri kim olduğumu soruyorlardı. Diğer başka yerden başka biri konuya müdahil olmaya çalışıyordu. "Ne bakıyorsun? Kimsiniz?" diye sorular çoğalmaya başlarken oradan hızlıca çıktım.

Kafamda bu yerin imar problemini çözene kadar açık otopark olarak kullanmak vardı. Fakat bırakın arabaları, benim bile orada dolaşmamı istemiyorlardı. Küçük oğlum Ayhan'ın bir motoru vardı. Bir gün, "Git oraları bir turla," dedim. Yine etraftan birileri çocuğu azarlayıp yollamışlardı. Satın aldığımız arsaya bile giremez olmuştuk. Ama ben burayı öyle ya da böyle otopark yapmayı kafaya koymuştum. Fakat nasıl yapacaktım? İçinde o kadar ağaç ve diz boyu yabani otlar vardı ki burayı otoparka hazır hale nasıl getirecektim?

Bir gün kalkıp doğruca Sütlüce'ye gittim. Üç tane Tokat keçisi aldım. Keçileri Mercedes'e, arka koltuğa bir şekilde sığdırdım. Doğru Vali Konağı'na... Vali Konağı'na derken ilk önce sizlere bu üç keçi ile nasıl bir semte giriş yapacağımdan bahsetmek isterim.

Şimdi bile Nişantaşı denildiğinde aklımıza sosyetelerin, lüks kafelerin, neredeyse lüzumsuz denilecek kadar pahalı giyim mağazaların, turistlerin bolca gezdiği yer gelir. Dar sokakları, tarihi yapıları, lüks mağazaları ve keyifli kafe ve restoranlarıyla her ziyaretçiyi büyüleyen bir yerdir Nişantaşı. İstanbul'un kalbinde yer alan bir semttir. Çok insan ya merakından ya da oraya ait olmak istediği için semte ayak uydurmaya çalışır. Dolayısıyla herkesi kabul etmeyen, insan kayıran bir semttir. Yerlisi pek sevmez yerlisi olmayanı... Bundan dolayı da insan anlar ne niyette olduklarını. Bu yüzden de seven ilk başta sever, sevmeyen de daha semte giriş yaptığı an sevmez.

İşte ben bu bahsettiğim muazzam güzellikteki semte üç tane keçi ile giriş yapacaktım. Sütlüce'den keçileri aldıktan sonra direkt öylece yola koyuldum. Hiç düşünmeden, 'ulan bunlar bir şey yapar mı ya da yolda giderken biri sinirlenir de bana kafa falan atar mı diye' hiç aklımdan geçmeden öyle hedeflediğim amacıma doğru yola çıkmıştım.

Başta her şey benim içinde çok komikti. Direksiyonun başında ben, arka koltukta üç tane keçi... İnsan şu arabanın içinde başka şeyler hayal ederken ben ve üç keçi Nişantaşı'nın göbeğine doğru yol alıyorduk. Bu yüzden çoğu kişinin de gözü benim arabanın üzerindeydi. Köyden bildiğim üzere koyunlara has olan kokusuna alışkındım ama yine de hava almaları içinde camları sonuna kadar açtım. Bizim keçiler de kafalarını camdan çıkararak, âdeta insanlara selam vererek cadde boyunca gidiyorduk. Millet o arabalarının içinde köpeklerinin camdan dışarı bakmasına alışkındılar fakat bir keçi görmek herhalde ömürlerinde üç dört defa görecekleri bir şeydi. Buna da ben vesile olmuştum.

Keçilerle yolumuza devam ederken trafik ışıklarında durdum. Keçiler insanların bakışlarına maruz kalmaya devam ederken yanımıza bir araba yanaştı. Arabanın içinde fötr şapkalı, gayet alımlı ve belli ki bu semtin yerlisi olan bir kadın vardı. Kadın ilk önce bana baktı. Sonra kafalarını camdan çıkaran keçilere... Kadının şaşkınlığı suratından belli oluyordu. Hatta tam ağzını okuyamadım ama bir şeyler de söylendi ki tahmin etmesi zor olan şeyler değil bunlar. Kadının o halini gördükten sonra o kadına inat, hatta Nişantaşı semtine inat biraz da işin şakasını çıkarmak için radyodan da bir türkü açtım. Keçiler türküyü duyunca "me, me" diye sanki türküye eşlik ediyor gibi bağırmaya başladılar. Yeşil ışık yandı. Yoluma devam ettim.

Sonunda bahçeye vardım. Yavaş yavaş keçileri arabadan indirdim. O sırada ben keçileri arabadan indirirken görmüş olacak ki apartmanın camından bir kadın bana doğru bağırdı. "Bunlar kopyalanmış koyun mu?" diye sordu. Bu soruya en az onun şaşkınlığı kadar şaşırarak, "Evet, evet. Kopyalanmış koyun," dedim. Zaten kadının aklına Nişantaşı'nın göbeğinde başka olasılık gelemezdi. Fakat kadın bu keçilerin bahçenin anasını ağlatmak için görevlendirildiklerini tahmin edemiyordu.

Size hiç abartmıyorum. Tam iki ay içerisinde o yol boyunca araba camından Nişantaşı'na selam çakan keçiler, bu arsayı boz tarlaya çevirdiler. Keçiler yedikçe yediler, şiştikçe şiştiler. Keçileri görevlendirdiğim şekilde bu arsayı halletmişlerdi. Hatta öyle ki bu keçinin sütünden ileriki zamanlarda etinden yararlanmıştım. Yer neresi demiştim? Nişantaşı… Elitlerin semti.

Gülay Atığ, o zamanlar belediye başkanıydı. Ben meclis üyesi olduğumdan beni arayıp, "Hemen yanıma gel," dedi. Yanına gittiğimde önüme bir sürü şikâyet dilekçelerini koydu. Hakkımda tam kırk tane şikâyet dilekçesi vardı. İsimlerin en başında ise Dündar Kılıç vardı. Dündar Kılıç'ın da oturduğu bina burasıymış ve onun da dairesinin arka cephesi bu arsaya bakıyormuş.

Bütün dilekçelerin fotokopisini alıp Dündar Kılıç'ın evine gittim. Kendisiyle görüşmek istediğimi söylediğimde müsaade etmediler. Fakat çok ısrar edince kabul ettiler. Durumu izah ettim. "Dündar ağabey," dedim. "Şu gördüğünüz öndeki inşaatı ben yapıyorum. Bu kalan boş arsa da benim. Fakat buradaki sakinler beni şikâyet etmişler. Listenin en başında da sen varsın. Ben bu bahçeye inşaat yapmayacağım, açık otopark olarak kullanacağım. Konudan ayrı bir şey de söylemem gerekirse eğer bu şikâyet dilekçelerini verenlerin hepsi gayrimüslim. Sen Müslüman bir adamsın. Bu şikâyet size yakışmaz. Sizin beni anlamanız gerekiyor," dedim ve bunun üzerine ısrarcı tavrımdan dolayı, "Git işine bak. Allah yolunu açık etsin," dedi. Yine çaldığım kapıdan istediğimi alarak çıkmıştım.

Bu sorunu çözdükten sonra sıra geldi bu yeri otoparka dönüştürmeye... Artık karar vermiştim. Bu işin üstesinden gelmek için bir mafya rolünü canlandırmalıydım. Kendime bir tane şoför ayarladım. Apartman sakinleri birinin arsada dolaşmasını bile kabul etmezlerken ben arabamı oraya park edecektim. Şoförü tembihledim. "Aracı park ettikten hemen sonra fişek gibi araçtan inip kapımı açacaksın," dedim. Şoförle anlaştıktan sonra gözümde güneş gözlüklerim, üzerimde takım elbisem, elimde altın rengi tespihimle araca bindim. Arsaya vardığımızda şoför tembihlediğim gibi kapımı açıp arkamdan beni takip ederek geldi. On gün boyunca bu rolü devam ettirdim. Arabamı park edip çıkıyordum. Kimse de sesini bana çıkaramıyordu. İlk arsaya ayak bastığım anda camlarını açıp bana bağıran apartman sakinlerinden tek bir ses çıkmıyordu.

On beş gün geçtikten sonra otoparktaki çocuklara, "Benim aracın yanına bir araç gönderin," dedim. Üç gün sonra iki araç daha yollattım. Beş gün sonra üç araç daha... Yavaş yavaş, alıştıra alıştıra, "Araçları doldurun gitsin," dedim ve burayı yüz elli araç kapasiteli açık bir otopark haline getirdim. Rolümü nasıl yaptıysam artık bu bölgede adımı mafyaya çıkartmışlardı. Altımda Susurluk kasa Mercedes, otopark işi yapıyorum. Elimde altın tespihim, güneş gözlüklerimle mafya rolünü kendimce bilakis etrafımdan da gördüğüm üzere iyi yapıyor ve herkesi buna bir şekilde inandırmıştım. Böylelikle şarkın dezavantajını garpta avantaja çevirmiştim.

Bir gün de başıma şöyle bir şey geldi. İlk inşaatlarımdan biriydi. Arsanın işgalcilerini çıkarıp binayı da yıktıktan sonra arsaya giriş çıkışı engellemek için caddeye bakan tarafına tahta perdeler yaptırdım. Nişantaşı'nda inşaat yapmanın zorluklarından biri de Nişantaşı sakinlerinin belediyelere, ilgili kurumlara sürekli şikâyette bulunmalarıydı. Konumları itibari ile genelde yüksek mevkilerde, sağlam ilişkileri olduğundan onlarla baş etmek bir hayli zordu.

Bir gün inşaatın hafriyatını alırken karşı binadan, "Şşt!" diye bir ses duyuyordum ve hiç üstüme alınmıyordum. Sonra kahvenin önünde oturan çocuklar, "Davut ağabey. Sana sesleniyorlar," deyince, "Kim?" dedim. "Bak şu karşı binadaki kadın," dediler. Yönümü o kadına doğru çevirince kadın bana bakarak, "Gelir misin?" dedi. Bana gelir misin diyor fakat nereye geleceğimi o an anlamlandıramamıştım. Binanın önüne yaklaştım. O sırada kadın içeri girdi. Tekrar çıkmasını bekledim. Kadın tekrar pencereye çıktı ve bana, "Buraya gelir misiniz?" diyerek beni evine davet etti.

Yukarı çıktım. Kapı açıldı. Kapıyı açan trans bir bireydi. Üzerinde açık seçik bir gecelik vardı. Bu sebepten dolayı içeri girmekten biraz çekindim. İçeri girdiğimde evin şık dekore edildiğini, çok lüks eşyalarla dolu olduğunu gördüm. Etrafı biraz inceledikten sonra beni yukarı çağıran kadın, ikili koltuğa oturdu. Beni de yanına çağırdı. Kahve ikram ettiler. Kahvemizi yudumlarken beni yukarı çağıran bu kadın, kalkıp vitrinden büyük bir fotoğraf albümü alıp tekrar yanıma oturdu. Sonradan öğrendiğime göre bu kadın ünlü bir sanatçıymış. Fotoğraf albümünde genelkurmay başkanıyla, başbakanla, cumhurbaşkanıyla, bakanlarla, valilerle, emniyet müdürleriyle, daha sayamayacağım bir sürü isimle fotoğraflarını tek tek bana gösterdi. Bu fotoğrafları bana göstermesinin sebebi üzerimde baskı kurmaktı. Yani aba altından sopa göstermekti. Bunu o an anlamıştım ve bu gösterdiği fotoğraflar bitmek bilmiyordu. Albüm bittikten sonra kadın bana dönüp, “Siz nerelisiniz?” diye sordu. Ben de, “Siz beni tanımadınız mı?” diye sordum ve devam ettim. O zaman dönemin başbakanı Yıldırım Akbulut’tu.

“Ben Yıldırım Akbulut’un, yani Türkiye Cumhuriyeti’nin başbakanının ablasının oğluyum. Yani yeğeniyim,” dedim. Böyle söyleyince kadın bir şaşırdı. Hemen peşinden bana şunu söyledi. “Bu inşaatınla ilgili şikâyetler olursa benim şikâyet ettiğimi söylerler. Buna sakın inanma,” dedi ve beni saygı ve sevgiyle yolcu etti.

Dışarı çıktığımda kahvenin önündeki herkes bana bakıyordu. Kadının nasıl biri olduğunu bildiklerinden merakla, “Davut ağabey yarasız beresiz o evden çıkacak mı?” diye beni bekliyorlardı. Bu kadının birkaç inşaat müteahhidinden şikâyet etmemek adına bir sürü altın aldığını öğrenmiştim. İnşaat bittiğinde nereden öğrenmişse bu kadın benim Yıldırım Akbulut’un yeğeni olmadığımı öğrenmişti ve yanıma gelip, “Sen beni kandırdın. Bana bu kadar altın borçlusun,” diyerek bana latifede bulunmuştu.

Bu karaktere bürünme sebebim yaptığım inşaatlarda karşıma çıkan engelleri aşmak, işimi yavaşlatacak ve verdiğim sözleri aksatacak her şeyi ortadan kaldırmaktı. Bu insanlarla başka türlü başa çıkmam mümkün değildi. Bu yüzden bazen bir başbakanın oğlu olurdum. Bazen bir semtin önemli bir insanı, bazen de hiç tahmin edemeyeceğim rollerde kendimi bulurdum.

# XIII

94 yılına geldiğimizde ilçe yönetim kurulu, belediye başkan adayı arayışındaydı. En iyi adayı bulma ile ilgili çalışmalar başlatmıştı. Ben de yönetim kurulu üyesiydim. Bundan dolayı 1994'de yapılacak olan belediye seçimlerinde ben yeniden aday olmak istiyordum. Bununla ilgili çalışmalara da hemen başlamıştım. Belediye başkan adayı arayışımızdaki asıl amacımız belediye başkanlığını kazanmak değil de partimizin mevcut oyunu biraz daha arttırmaktı. İlk önceliğimiz buydu. Çünkü eğer oyumuzu arttırırsak meclis üyesi daha fazla çıkarabilirdik. Bu yüzden hiç zaman kaybetmeden bir isim düşündüm. Fakat bunu ilçe yönetimine nasıl kabul ettirebilirim, onu bilmiyordum. Kendimce de baktığım zaman etrafta kazanacağını düşündüğüm hiç isim yoktu. Ama herkes bir isim konuşuyordu. Bu isimler üzerinden de hesaplar yapılıyordu.

Bütün isimler toplanmaya başladı. Ben de yönetim kurulu toplantısında aday profiliyle ilgili bir konuşma yaptım. Çıkaracağımız adayın çok önemli olduğunu, o aday sayesinde oy potansiyelimizin artabileceğini ve bu düşündüklerimiz olursa İl Başkanlığı'na ve Genel Merkez'e karşı büyük bir itibar elde etmiş olacağımızı anlattım. Kafamdaki aday köylümüz olan avukat Sermet Hobikoğlu'ydu. Köylülerimiz tarafından çok sevilen bir adamdı. İyi bir insan, iyi bir avukat ve iki üniversite bitirmişti. Geçmişte yaşadığı yokluk ve sıkıntılar yüzünden de oturaklı bir insandı.

Şişli ilçemizde Erzincanlıların çok yoğun olduğunu, bu insanların tamamının eğer aday olursa Sermet Bey'e oylarını vereceklerini anlattım. Sermet Bey'in aday olması için elimden gelen her şeyi yaptım. Bu konuyla ilgili herkesle konuştum, toplantılar yaptım ve sonunda adayımızı İlçe Yönetim Kurulu'na kabul ettirdim. Resmi yönetim kararını aldım ve İl'e götürdüm. İl başkanımız Orhan Keçeli'ydi. Orhan Bey'e adayımız olan Sermet Bey üzerinden çok fazla oy toplayacağımızı söyledim. Bunu söylerken de inancım tam ve asla yanılma payım yokmuş gibi konuştum. Orhan Bey benim heyecanlı heyecanlı anlattıklarımı dinledikten sonra bana dönerek şöyle dedi. "Oğlum, ben filan sene nereden milletvekili adayı oldum?" dedi. Ben de, "Bizim bölgemizden yani ikinci bölgeden," dedim. Bunun üzerine "Peki, ben nereliyim?" dedi. Ben de, "Rizelisiniz," dedim. Sonra da, "Peki, bana Rizeliler oy verdi mi?" dedi. Ben de, "Hayır, vermediler," dedim. Gerçekten de Şişli'deki yoğun nüfusa sahip Rizeliler, Orhan Keçeli'ye oy vermemişlerdi. Bunun üzerine bana dönerek, "Davut, seni kırmayacağım. Zaten ilçeden de karar aldırmışsın. Avukat Sermet Hobikoğlu'nun adaylığını kabul edeceğim. Lakin Erzincanlılar oy vermeyecekler, göreceksin," dedi.

Seçim sonuçları açıklandığında da Orhan Bey'in dediği gibi olmuştu. Kendisine Rizeliler nasıl oy vermemişse Erzincanlılar da Sermet Bey'e oy vermemişlerdi. Partimizin bir önceki seçimde aldığı oyun üzerine en az on bin oy bekliyordum. Beklentimiz olan oyları alamadan seçimi kapattık ve Orhan Keçeli ile bu durumu siyaseten genişçe değerlendirdik.

Daha sonra seçimler yapıldı. Şişli belediye başkanlığını SHP (Sosyal Demokrat Parti) kazandı, yani bugünkü CHP. Adayları Fatma Girik, belediye başkanı oldu. Ben belediye meclis üyesi oldum. Üstelik üst üste iki dönem olmuştum. Askerde çavuş, siyasette de İstanbul gibi bir metropolde, yine büyük ve sayılı ilçelerden biri olan Şişli'den belediye meclis üyesi seçilmiştim.

Ben mecliste iki sene oturumlarda hiç konuşmadım. Sürekli belediye mevzuatını, meclisin görev ve yetkilerini okudum, inceledim. Konuşmacıları ve konuştuklarını dinledim. Sonra kendimi yeterli buldum ve artık önümdeki mikrofonla çok yakın birer arkadaş olduk. Her meclis oturumlarında düşüncelerimi ve görüşlerimi onunla paylaşıyordum.

Belediye meclis üyesi olmam, yani arsası ya da binası olan maliklerin karşısına, "Evet, ben inşaat müteahhidiyim ve aynı zamanda da Şişli belediye meclis üyesiyim," diyordum. Bu da insanlar üzerinde bir ilave güç ve etki bırakıyordu. Dedim ya ben hep sorunlu yerlerle ilgileniyordum. Yani bu sorunlu yerlerin mutlaka kendi malikleri arasında sorunları olduğu gibi belediye ile ilgili sorunu olan boyutu da vardı.

SEVGİLİ KARDEŞİM
DAVUT
SEVGİLERİMLE
6.12.1990

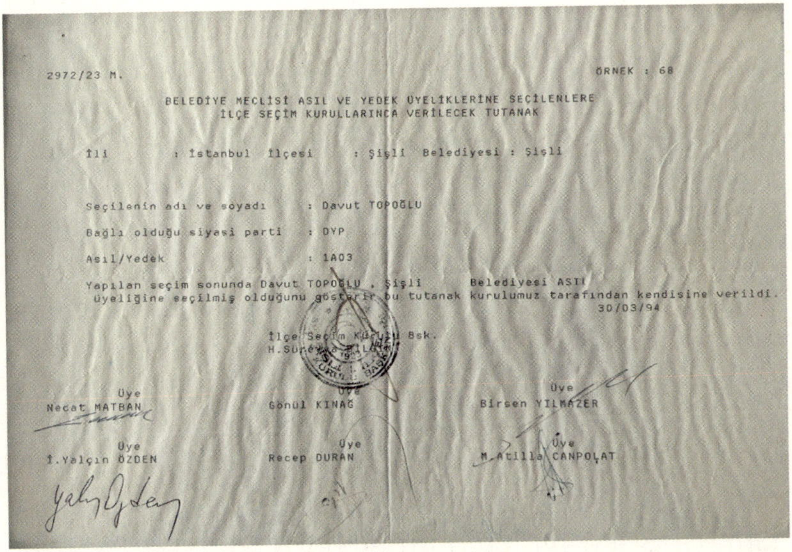

2972/23 M. ÖRNEK : 68

BELEDİYE MECLİSİ ASIL VE YEDEK ÜYELİKLERİNE SEÇİLENLERE
İLÇE SEÇİM KURULLARINCA VERİLECEK TUTANAK

İli : İstanbul İlçesi : Şişli Belediyesi : Şişli

Seçilenin adı ve soyadı : Davut TOPOĞLU

Bağlı olduğu siyasi parti : DYP

Asıl/Yedek : 1A03

Yapılan seçim sonunda Davut TOPOĞLU , Şişli Belediyesi ASIL
üyeliğine seçilmiş olduğunu gösterir bu tutanak kurulumuz tarafından kendisine verildi.

30/03/94

İlçe Seçim Kurulu Bsk.
H. Süre[illegible]

| | | |
|---|---|---|
| Üye<br>Necat MATBAN | Üye<br>Gönül KINAĞ | Üye<br>Birsen YILMAZER |
| Üye<br>İ.Yalçın ÖZDEN | Üye<br>Recep DURAN | Üye<br>M.Atilla CANPOLAT |

# IVX

Süleyman Demirel'in başbakan olduğu yıllardı. Siyasetin içerisine girdiğim yıldan beri her anlamda gözümü kulağımı açmıştım. Siyasetin her aşamasında olan siyasilerin nasıl yol kat ettiklerini adaylığa giden yollarda nelerden feragat edip neleri kazandıklarını her şeyi irdeliyordum. Nereden gelip nereye gittiklerinin programına kadar... Bir bakan geldiğinde onlara temas etmek, iki cümle dahi olsa kurabilmek o dönem çok mühimdi. Hele ki bir başbakanla karşılıklı gelebilmek, her babayiğidin harcı değildi. Bugün de aynı şekilde olduğu gibi devlet başkanlarının yanında görünmek başkalarının gözünde itibarınızın artmasına sebep oluyordu.

Bir gün Süleyman Demirel'in şu gün şu saatte şu uçakla havalimanına geleceğinden öncelikli olarak partiden haber almıştık. Havalimanında onu karşılamaya gelen binlerce insan vardı. Bunların arasından sıyrılıp Apron'a sonra da uçağın kapısına kadar ulaşmayı başardım. Demirel'in yanında il başkanları, başkan yardımcıları saf tutuyordu. Uçaktan indiği anda bir tarafında Erman Yeldelen, (Tatko lastik firmasının sahibinin oğlu) duruyordu. Bu profillerin yanında ben bir hiç kalıyordum. Buna rağmen her zamanki özgüvenimle diğer koluna da ben yapıştım. Demirel ile kol kola içeriye doğru ilerlerken durup yüzüme bakıyor, beni tanımaya çalışıyordu. Ben ise tanımasına fırsat vermemek için bir yakınıymışım gibi etrafa bile müdahale ediyordum. Demirel de tanımadığı birinin bu kadar yakın durmasını anlamlandıramıyordu. Bırak der gibi arada hamle yapsa da kolundan çıkmaya hiç niyetim yoktu. O meşhur şapkasıyla etrafı selamlarken ben de onunla beraber milleti selamlıyordum. Amacım havalimanının önündeki o kalabalığa karşı Demirel ile yan yana durmak, gazetecilere tek bir kare dahi olsa fotoğraf vermek, yanında görülme peşindeydim. İstediğimi alana kadar kolunu bir an bile bırakmaya niyetim yoktu. Demirel için kesilmek üzere kurbanlık bir boğa getirmişlerdi. Bir anda yüksek sesle bağırarak, "Hayvan kesilmeyecek. Onu götürün, Darülaceze'ye bağışlayın!" diye çıkıştım. Kendimi durduğum yere öyle kaptırmıştım ki benim kim olduğumu kimse sorgulama gereği bile duymuyordu. Demirel bile neredeyse sağ kolu olduğuna ikna olmuştu. Nitekim de amacıma ulaşmıştım. Demirel ile aynı karede gazetecilere poz vermiş, halkın karşısında Demirel ile yan yana gözükebilmiştim.

Kendisiyle diğer karşılaşmalarımızdan birisinde ise Tuzla'daki evine ziyarete gitmiştik. Şişli Yönetim Kurulu üyesi arkadaşlarımla beraber gittiğimiz bu ziyarette ilk defa onunla sekiz on kişi arasında toplantı yaptık. Bu daha önceki karşılaşmalarımız gibi değildi. Daha fazla konuşabilme, paylaşımda bulunabilme fırsatını yakalamıştım. Denize nazır evinin terasında uzun bir masanın başında Demirel, biz ise etrafına sıralanmıştık. Demirel ile aramda bir insan mesafesi kadar yer vardı ve heyecanım yine doruktaydı. Demirel ile aramda bir kadın yöneticimiz oturuyordu. O koltuğu da maalesef ona kaptırmıştım. Demirel yarım saat kırk beş dakika konuştuktan sonra, "Komşularınız, tanıdıklarınız, akrabalarınız kısaca halkın her bireyinin bizlerle ilgili düşündükleri çok mühim. Benimle ilgili fikirleri nedir?" diye sordu. "Şimdi söz sizin…" diyerek sözü bize bıraktı.

Kısa bir sessizlikten sonra hemen söz isteyerek, "Benim söyleyeceklerim var başbakanım," dedim. Demirel bütün odağını bana çevirerek konuşmaya başladı. Çocukluğumdan bu yana hem benim hem çevremdeki herkesin hayranlık duyduğu bir lider sözü bana bırakmış, o hayat denilen koridorda çocukluğumda yakınımda bile hayal edemezken şimdi tam karşımda pürdikkat beni dinliyordu. Kendimi tanıtarak söze başladım.

"Sayın başbakanım. Adım Davut Topoğlu. Şişli belediye meclis üyeliğimin yanı sıra Doğru Yol Partisi Şişli Yönetim Kurulu üyesiyim. Benim sokağımda, apartmanımda, semtimdeki insanlar sizin cumhurbaşkanı olmanızı istemiyorlar," dedim. Herkes şaşkınlıkla bana baktı. Demirel'in ise yüz ifadesi değişmişti. Devamını ise şöyle getirdim. "İnsanlar sizi reisicumhurluk makamına layık görmediğinden değil, memleketin birikmiş bu kadar sorunu varken sizden başka bu sorunların üstesinden gelecek hiçbir lider olmadığından, başbakanlığı bırakıp gitmenizi istemiyorlar," diye ekledim. Bunun üzerine kimse bir tek kelime etmedi.

Demirel ise duyduklarından dolayı gururluydu ve yüzündeki tebessümle toplantıyı bitirdi. Dışarı çıktığımızda ise toplantıda olan arkadaşlarım hepsi hemen hemen aynı tepkiyi verdi. "Sen nasıl yüzüne karşı bu halk sizi istemiyor diyebildin," dediler. İçlerinden bir arkadaşım, "Ben dört beş yıl milletvekilliği yaptım. Sonunda o toparlayıcı cümleyi kursan da başbakanın karşısında bu cümleyi ağzımdan çıkaramazdım," diyerek medeni cesaretimden dolayı beni kutladı. Demirel ile yaşadığım bu güzel hatıralar da aklımın en güzel yerinde böylece kaldı

# BÖLÜM 3

*Ömrüm asıl hayatımın*
*eşiğinde*
*beklemekle geçiyordu.*
*Yaşadığım süreyi gösteren takvimle*
*yaşayacağım süreyi gösteren*
*takvimin*
*en zor günleri...*

# I

Maddi hayatımın taşlarını güzelce dizmiş, çocuklarımın geleceğini bir nebze de olsa garantiye almıştım. Fakat manevi hayatımdaki boşluğu dolduramamak her şeyden zordu. Zorla güzellik olmuyordu. Ne yaptıysam bu yuvayı olduramıyordum. Ne zaman bir aşka, bir sevgiye ihtiyaç duysam çocuklarımı hatırlıyor, yaşadığım zorlukları ve onların istikbalini düşünerek kendimi durduruyordum. Ben ne olacağım diye kendime sorduğumda, "Sen bedel ödeyeceksin," cevabını kendime yapıştırıyordum. Yaşayacağım her güzelliğin bedelini yalnızlığımla ödeyecektim.

Hedeflerimi birer birer yerine getiriyordum. Tam yirmi yıl... Gençliğimin en güzel yılları bu hedeflere hizmet ederek geçmişti. İkisi erkek, üçü kız beş çocuğumla kimseye muhtaç olmadan geleceğini öngörebilir bir eğitim çizgisinde ilerletiyordum. Ama bir gün bir şey oldu. Olmasından hep korktuğum ama olmasını deli gibi arzuladığım bir şey.

Bir gün belediyeden çıktım. Tam arabama binecekken meclis üyesi olan bir arkadaşım akşam bir davete katılacağını, benim de ona eşlik etmemi istedi. İşlerimin yoğunluğundan dolayı biraz kafamı dağıtırım düşüncesiyle arkadaşımın teklifini kabul ettim ve beraber yemek davetine katıldık. Yine belediyeden tanıdığımız arkadaşımız, bizi ısrarla kendi masasına davet etti. Yanında eşi ve onun yanında da bir hanımefendi oturuyordu. Hanımefendiyi ilk gördüğüm anda ondan bir hayli etkilenmiştim. Birkaç göz kaçamağından sonra ismini bahşetti ve isminin Fatoş Davutoğlu olduğunu söyledi. Bu tesadüf beni daha çok etkilemişti. Adımı soyadıma yerleştiren hayat şimdi bu kadını ömrüme bahşetmeliydi. Yemekten sonra kendisinden ısrarla bir randevu istedim ve beni kırmayarak kabul etti ve bu buluşmalarının ardı arkası hiç kesilmedi. Sonunda ona evlenme teklifi ettim. Beş çocuğum vardı ve bu karara varmak, bu teklifi kabul ettirmek hiç kolay olmadı. İçimi, ne yaşadığımı kimse bilmeyecek ve beni elbette kimse anlamayacaktı. Buna kendimi hazırlamıştım. Fatoş Hanım'la nihayetinde evlendik. Çevremde birkaç kişi dışında kimse bu evliliği anlayışla karşılamadı. Bu yaşadığım süreç iş, siyaset ve duygusal hayatımı derinden etkilemişti. Hiç kimse beni anlamıyordu. Oysa sevgiyi veren de yaratandı. Her şeye sözü geçenin, kalbine sözü geçmiyordu. Bu yaptığım ikinci evlilikten de Kumru adında bir kızım dünyaya geldi.

# HANEGELİ

Babamın vefatından sonra annemi köyden İstanbul'a getirdiğimizde sırayla kardeşim ve benim evimde kalıyordu. Fakat annemin kendisini bize bir yükmüş gibi hissetmesine gönlüm elvermiyordu. Evlatları da olsak bizlerle yaşamak ona zor geliyordu. Bakkal zamanından beri anneme kendisine ait bir evin olmasını, kendi düzeninde yaşamasını sürekli söylüyordum. Bu fikrimi paylaştığımda bana her zaman karşı çıkıyor, "Ben size yük müyüm? Gider köyde yaşarım," diyordu.

Ben bir gün ani bir karar aldım. Büyük oğlum Vedat'ı aradım. "Kardeşim Metin'in oturduğu sokakta bir daire var mı?" diyerek bakmasını söyledim. Oğlum Vedat, yaklaşık bir saat içinde birinci kat bir daire bulduğunu söyledi. Yaşlı olduğu için birinci kat olması içime daha çok sinmişti. Annemden habersiz önce evi tuttum. Ardından oğlumla Vedat ile birlikte çatalına bıçağına varana kadar alıp bütün evi bir güzel yerleştirdik. Şimdi anneme yardımcı bir kadın bulmalıydım. İçime sinen, annemin de sevebileceği bir kadın bulup onu da eve yerleştirdim. Her şeyden habersiz olan anneme, "Bir tanıdığımızın evine geçmiş olsuna gideceğimizi, onun da gelmesini," söyledim. Zaten annem nereye gel desem, sorgulamadan benimle birlikte giderdi.

Eve gittik. Annem evin yardımcısı olan kadını evin sahibi olduğunu zannediyor, keyifle sohbet ediyordu. Çayımızı, kahvemizi içtikten sonra kalkmam gerektiğini söylediğimde annem de bir hışımla ayağa kalktı. "Anacım ben gidiyorum. Sen burada kalıyorsun," dedim. İlk başta ne olduğunu anlamadı. "Burası senin evin. Bu evi senin için hazırladım. İstediğini ye, istediğin misafiri bu evde ağırla. Dilediğince bu evde yaşa. Bu hanım da sana artık yol arkadaşı olacak," dedim. Annem o an çok şaşkındı ama hiç sesini çıkarmadan yüzünü düşürmüştü.

Evden çıktım. Aslında tek amacım kendisini kimselere yük görmesin, rahat etsin, kendi evinde dilediğince yaşamasıydı. Annemi bırakıp çıktıktan sonra içim buruk, işlerimin başına döndüm. Ama onu hiçbir zaman yalnız bırakmayacaktım.

Ertesi gün durumunu, nasıl olduğunu yoklamak için anneme telefon ettim. Annem, "Yavruuum!" diyerek açınca telefonu bir oh çektim. "Oğlum gökten yağa, yerden toplayasın. Dünya varmış da haberim yokmuş," diyerek bana dua etmeye başladı. Artık içim rahat, yeni düzeninde mutlu olacak diye sevinmiştim. Her gün yanına gidemesem de mutlaka arar, sesini duyar, hayır duasını alırdım. Tabii bunu duyan hemşehrilerimizin bazıları sanki annemizi bir köşeye atmışız gibi dedikodular çıkarıp her zaman yaptıkları gibi boş boş konuşuyorlardı. Yaklaşık sekiz yıl annem kendi evinde yaşadı.

2002 yılının kurban bayramıydı. Annemin adına da bir kurban kesip insanlara dağıtması için anneme yolladım. Sonra da arayıp, "Anacım. Etleri dağıttın mı?" diye sorduğumda, "Bol bol dağıttım," demişti.

Bayramın üçüncü günüydü. Annem birden fenalaştı. Hastaneye kaldırdık ve anneme siroz teşhisi konuldu. Şeker hastalığının yanına bir de siroz hastalığı eklenmişti ve günden güne daha da kötüleşiyordu. Artık kendi evinde kalamayacağından annemi Sarıyer'deki evime alıp getirdim. Evimizdeki bir odayı bir hastane odası gibi donattım. Hemşireler de eve gelip annemin bakımını yapıyor, eşim Fatoş Hanım da özenle annemle ilgileniyordu.

Annem her aklına geldiğinde, "Evimi sakın dağıtma. Tekrar evime döneceğim," diyordu. Ama artık durumu çok ağırlaşmıştı ve onu asla tek bırakamaz, başkalarına emanet edemezdim. Bu süreçte annemin evindeki eşyaları üvey ablamları arayarak, "Ne ihtiyacınız varsa gidin alın," dedim. Eve uğradığımda evde üvey ablamlar tek bir eşya bile bırakmamışlardı. O kurban bayramında, "Bol bol dağıttım," dediği etlerin hepsi buzdolabında duruyordu. Eski insanlarımızın kıtlık kaygısından kalan bir alışkanlıktı bu. Bol bol değil, kısıtlı dağıtmıştı canım anam…

Annem artık hiçbirimizi tanımıyordu. Ağzından tek bir isim çıkıyordu. O da küçük oğlum Ayhan'ın adıydı. O süreçte Ayhan tahsili için Amerika'daydı. Gittiği günden itibaren annem hep bana kızardı. "Sen o oğlanı dağların arkasına aşırdın," diye. Ona olan özlemi gün yüzüne çıkmış olacak ki sürekli onu sayıklıyordu. Artık annemin bu isteğine dayanamayıp Ayhan'ı arayıp İstanbul'a çağırdım. Ayhan çıkıp geldi. Annemin odasına girdiği an Ayhan'ı görür görmez o haliyle kalkıp yatağa oturdu. Hiçbirimizi tanımayan, yerinden kımıldayamayan annem neredeyse ayağa kalkacaktı. Annem Ayhan'la olan hasretini giderdikten sonra o gece iyice ağırlaştı. Hastaneye kaldırdık. Annem ertesi gün vefat etti.

Feriköy Mezarlığı'na aynı kederle bu ikinci gelişimdi. Tabutunun başına astığımız tülbendi solmuş, bu Fatiha ruhuna gitsin demeye dilim bile varmıyor. Hangi yaşta olursa olsun hiçbir anneye ölüm yakışmıyor. Sen beni doğuran güzel anam, yaradan şifanı kesmiş bu dünyadan. Şu mezarda söylenecek ne çok şey varken ne çok susuyor insan. İçimi rahatlatan tek şey çektiği yoklukları, zorlukları unutturamasam da bir nebze olsa rahat yaşatabilmekti anamı. Babama yetişememiştim, ona o rahatlığı yaşatamamıştım. En azından anacağıma rahat bir nefes aldırmıştım. Ama acısını dindirmeye hiçbir şey yetmiyor. Her yaşta anne lazım insana. Dedikleri gibi, "Keşke anneler ölümsüz olsa." Rahmetle "Hanegeli Ayşe".

## II

Bakkal zamanından kalma en güzel alışkanlığım çok okumak olmuştu. Günde sekiz on tane gazete okuyordum. Haberler aynı olsa da farklı bakış açıların yorumlarını okumak, ekonomi ve siyaseti yakından takip etmek hem benim zihnimi güçlendirip farklı bakış açılarına sahip olmama sebep oluyor hem de okumak yalnızlık hissimle karşılaşmama engel oluyordu. Dünyada olup biten gündemi takip etmek ve eğitimimi tamamlayamayışımın boşluğunu okuyarak gidermeye çalışıyordum. Nişantaşı'ndaki projeleri tamamlamıştım ve yeni projeler yapmayı planlıyordum.

İşime yine çok erken saatlerde gelip güne gazete okuyarak başlamıştım. Şöyle bir habere denk geldim. "Sağlık Bakanlığı doktor muayenehanelerinin yönetmeliğini baştan sonra değiştirmiş" ve haberde yazana göre uyulmadığı takdirde çok ağır yaptırımlar uygulanacağından söz ediyordu. Haberin tüm detaylarını okuduktan sonra mevcut olan muayenehanelerin istenilse de yeni yönetmeliğe uyarlanamazdı. Çünkü Türkiye'de maalesef bu yönetmeliğe uygun hiçbir proje yapılmamıştı. Okuduğum bu haber ilk ve tek olan bu projemi gerçekleştirmeye ön ayak olmuştu. Yapacağım bu projede bütün muayenehanelerin bir arada olduğu bir plaza olacaktı. Doktorlar tarafından talep görülür müydü bunu tam olarak kestiremiyordum ama bu projenin Türkiye'de ilk ve tek oluşu büyük ses getirecekti. Bunu biliyordum.

Fulya'da uzun zamandır gözüme kestirdiğim bir arsa bu proje için biçilmiş bir kaftandı. Arsanın etrafında da sağlık hizmetleri adına faaliyet gösteren birçok yer vardı. Burası âdeta bir sağlık vadisine dönüşmüştü. Bu arsa için hemen araştırmalara koyuldum. Arsanın yirmi dört hissedarı vardı ve her zaman olduğu gibi zor olanı seçmiştim. Ayrı ayrı illerde ve bir kısmının yurtdışında olduğunu arsa sahipleriyle tek tek irtibata geçtim. Uzun lafı kısası, beklediğimden kısa bir sürede öz sermayemle satın alma sürecini tamamladım. Bu arsanın satın alma sürecinde arsanın başka talipleri de vardı. Kapital müteahhitler, hatta büyük holding sahipleriydi bunlar. Arsayı almam karşılığında bu kişilerin birçok tehdidiyle karşı karşıya kaldım. Uzun yıllar bu arsayı almaya çalışmışlar ama neticeye ulaşamamışlardı. Benim birden ortaya çıkışım, onlara kıyasla güçsüz oluşum, hissedarlardan aldığım olumlu dönüşler onların gururuna dokunuyordu. Güçlü insanların en büyük kusuru kendinden güçsüz olanı hafife almaktı. Bunu yine çok iyi başarmışlardı. Onlar konuşurken, gözlerini benden alamazken ben çoktan arsayı satın almıştım.

Projem beş yıldızlı bir otel kalitesinde olmalıydı. Amacım sadece doktor muayenehanelerin içinde olduğu ama gelen hastalara da konfor yaratacak bir plaza yapmaktı. Tüm inşaatlarımda daire ve dükkânları satarak inşaatlarımı tamamlamıştım. Fakat bu olanağım burada yoktu. Satmadan inşaatı tamamlamak ise bir hayli zordu. Hedefimde hiçbirini satmadan kiralamak vardı. Yaklaşık seksen yüz muayenehane olacaktı ve bunun kira getirisi de oldukça fazlaydı. Bu yatırım, çocuklarım ve benim için çok güzel bir fırsattı. Satın alma işlemlerini de tamamlamış, artık projemin hazırlık çalışmalarına başlamıştım. Arsayı kendi sermayemle alabilmiştim ama üzerine yapılacak plazanın inşaatı için gerekli bütçem ne yazık ki yoktu. Bu işteki en büyük risk buydu. Bu parayı nereden bulacaktım? İkinci sorun ise proje güzeldi fakat ya doktorlar plazada yüzde yüz kiralama yapmazsa ne olacaktı?

Projenin yapımıyla ilgili finansmanı bankalar ve çalıştığım banka müdürleriyle görüşmelere başladım. Bankalar bu finans desteğini vermek için adeta yarışıyorlardı. Çok şükür ki kredi puanlarım, bankaların nezdinde oldukça yüksekti. Tercih ettiğim bir bankadan kredimi kullandım. Ancak projem bittiğinde istediğim talep gelmezse ne olacaktı diye de endişelenmiyor değildim.

Oğullarım Vedat ve Ayhan ile bu projeyi paylaştığımda onlar da haklı olarak bunun büyük bir risk olduğunu söylüyorlardı. Bu riski paylaştırmamı tek bir mesleğe hapsetmememi öneriyorlardı. Kaldı ki diğer şirket yetkililerim de bu konuda hemfikirdi.

Ben ise tıpkı geçmişteki tecrübelerim gibi risk almadan başarının gelmeyeceğine inanıyordum. Hep bu yolda ilerlemiş ve başarıya ulaşmıştım. Eğer risk yoksa başarı yok diye kendimi şartlamıştım. Bu proje benim bütün geçmiş başarılarımı yerle bir edebilir veyahut beni yeni bir döneme taşıyabilirdi. Bırakın başarılarımı riske atmayı bu arsayı satın alarak hayatımı bile riske atmıştım. İrademi ortaya koyarak herkese inatla ilk çıkış hedefimden şaşmadan projemi devam ettirdim. Ve yine bütün zorluklara rağmen inşaatımı bitirdim.

Plaza tamamlanmış, rağbet görmeye başlamıştı. Korktuğumun başıma gelmeyişinin şükrüyle önümü görmeye başlamıştım. Türkiye'nin neredeyse en iyi doktorları bu yere talip olmaya başlamışlardı. Bazı hocalarımızla kira kontratı yaptığımız esnada hep şu soruyla karşılaşıyordum. "Davut Bey bu projeyi kim akıl etti ve hayata geçirdi?" diye soruyorlardı. Oğullarım yanımdaysa eğer iki oğlumu göstererek, "Onlar geliştirdi projeyi," diyordum.

Türkiye'nin ilk ve tek doktor muayenehanesi plazasını böylelikle hayata geçirmiştim. Çok kısa bir sürede plazadaki doluluk oranı yüzde yüz seviyesine ulaşmıştı. Ulusal kanallarda ve görsel medyada haber niteliği taşıyan bu projenin haklı gururunu yaşıyor, o çok sevdiğim gazetelerde bu projelerimi görmemin mutluluğu içerisindeydim.

# Fulya'nın son boş arsası Türkiye'nin ilk 'doktor muayenehane merkezi' olacak

**Sağlık Bakanlığı'nın muayenehanelerin 2015 yılına kadar yeni yönetmeliğin şartlarına uygun hale getirilmesini öngören kararı, çalıştıkları apartman dairelerine kilit vurmakla yüz yüze gelen doktorları yer arayışına iterken, çözümü Topoğlu İnşaat buldu. Şirket Fulya'da son kalan 700 m² arazide 10 katlı bir 'Muayenehane Merkezi' kuracak. Projede birimler sadece doktorlara satılacak ve yönetmeliğin engelli hastalar için bina girişlerinden kapılara, asansörlerden merdivenlere şart koştuğu her detayı içinde barındıracak**

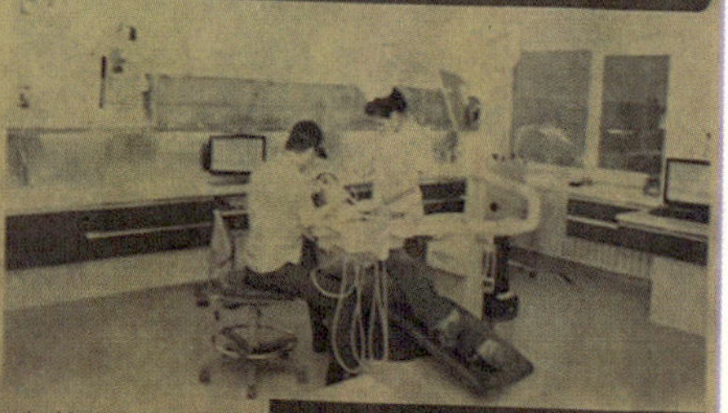

Sağlık Bakanlığı'nın geçen yıl Temmuz ayında 'Ayakta Teşhis ve Tedavi Yapılan Özel Sağlık Kuruluşları Hakkında Yönetmeliği' ile doktorların muayenehane açma şartlarını yeniden belirlemesi, Ağustos 2015'e kadar şartlara uymayanların ya da uygun bir yere geçmeyenlerin ise muayenehanelerini kapatmasını öngören uygulaması, doktorlar arasında kaos yaratırken, çözüm bir inşaat şirketinden geldi.

Nişantaşı ve Teşvikiye bölgesinde 25 yıldır inşaat yapan ve 'Nişantaşı Topoğlu Palas' başta olmak üzere bölgedeki lüks binaları yapan firmalardan biri olan Topoğlu İnşaat, Türkiye'de ilk kez 'yönetmeliğe uygun muayenehanelerin inşa edileceği ve sadece doktorlara satılacağı bir proje inşa etmeye hazırlanıyor. Fulya'nın boş kalan son arazisi 2 ay önce satın alan şirket, Polat Towers ve Aşçıoğlu projesiyle aynı caddede yer alacak 700 metrekarelik arsada 10 katlı bir 'Doktor Muayenehane Tıp Merkezi' inşa edecek.

Projedeki bina girişleri ve kapılar, rampa, asansörler, merdivenler, iç kapılar ve tuvaletlerdeki bütün ölçüler ile ek bölümlerin yönetmeliğin şart koştuğu gibi engelli ve tekerlekli sandalye kullanan hastaların kullanımına uygun şekilde tasarlanacağını açıklayan Topoğlu İnşaat Yönetim Kurulu Başkanı Davut Topoğlu, "Şu anda apartman dairesini alıp muayenehaneye çeviren doktorlar sıkıntılı. Yönetmelik, doktorlara mevcut muayenehanelerini yeni şartlara göre uyarlamasını, uyarlayamayacaksa kapatmasını öngörüyor. Ancak şartlar, doktorların bunu sonradan yapabilmesine olanak vermiyor. Sadece daireyi değil, apartmanı yenilemeniz gerek. Hasta asansörü, engelli merdiveni, pansuman odası, bebek bakım odası gibi alanları sonradan ekleyemeyecekleri için biz bütün şartları yerine getiren bir proje geliştirme kararı aldık" diye konuştu.

## İstanbul'da zincir olabilir

Bu ay içinde mimari çalışmaları tamamlanacak satışa çıkarılacak 10 katlı projede 1 katta asgari 4 doktor, muayenehane açacak. Toplamda 40-50 doktorun yer almasının planlandığı projeye 3 ay içinde başlayarak inşaatı 1.5 yılda tamamlamayı hedeflediklerini söyleyen Topoğlu, "Her kat 350 ile 500 metrekare büyüklüğünde olacak. Katların yüksekliği maksimum 3.5 metre yüksekliğinde olacak ve istenirse her katta birden fazla doktor muayenehanesi olacak. Yoğun bir talep bekliyoruz. İlerleyen dönemde merkezi yerlerde, hastanelerin yoğun olduğu bölgelerde uygun arsa ve fırsat bulabilirsek bunu bir zincir hale getirmeyi de planlıyoruz" diye konuştu.

## Yönetmelik muayenelerde neleri gerektiriyor?

**YÖNETMELİKTE** bina girişleri ve kapılar, rampa ve sahanlıklar, asansörler, merdivenler, basamaklar, tırabzanlar, iç kapılar ve tuvaletlerdeki bütün ölçüler, eğimler, ek bölümler hastaların, engelli ve elektrikli sandalye kullananlara göre özel olarak tasarlanıyor.

**BİNALARIN** ana girişlerinin yaya kaldırımından itibaren 'engelsiz' olması gerektiği vurgulanan yönetmelikte, "Girişte eşik olmamalı. Tüm ticari ve kamu binasında en az bir ana giriş engelliler için kullanılmalı. Mesken binalarına giriş kapısı dairelerdeki 80 cm yerine en az 91.5 cm olmalı" deniliyor.

**YÖNETMELİĞE** göre binada tekerlekli sandalyeli ve bastonlu kişilerin de kullanacağı rampalar konulmalı. Tuvaletler tekerlekli sandalye ile girebilebilecek özellikte olmalı, kapının net genişliği minimum 81.5 cm olmalı. Tuvaletler ile koridor arasında kot farkı bile bulunmamalı.

**ASANSÖR** kapısı otomatik olmalı, kapının net açıklığı minimum 91.5 cm olmalı, tutunma bantları olmalı, kabin içinde tehlike alarmı, telefon bulunmalı. Asansör veya rampanın yanında ilave olarak merdiven mutlaka olmalı. Görme bozukluğu olanlar için bu basamaklarda farklı renkler de kullanılmalı.

**MUAYENEHANELERDE** pansuman odası, bebek emzirme ve bakım odası, engelliler, elektrikli sandalye kullananlara özel tuvalet alanı bulunmalı.

## İstanbul'da 3.500 muayenehane var, yüzde 25'i Fulya'da

**İSTANBUL'DA** yaklaşık 3 bin 500 muayenehane olduğunun tahmin edildiğini söyleyen Topoğlu İnşaat Yönetim Kurulu Başkanı Davut Topoğlu, bunun yüzde 25'inin Fulya'da olduğunu, Teşvikiye Valikonağı Caddesi bölgesinde neredeyse her apartmanda bir doktor muayenehanesinin bulunduğunu kaydetti. Bölge, Amerikan Hastanesi, Acıbadem, Mikro Cerrahi Kliniği, Nişantaşı Hospital, Denizistanbul, Boğaziçi Tıp Merkezi ve İstanbul Cerrahi Merkezi gibi pek çok sağlık kurumunun yanı sıra birçok laboratuvara da ev sahipliği yapıyor.

## Bakkal çıraklığından müteahhitliğe

Davut Topoğlu

**ÇOCUK** yaşta iş hayatına atılan ve Erzincanlı bir ailenin çocuğu olan Davut Topoğlu'nun inşaat sektörüne girişi, bakkal çıraklığı, kapıcılık gibi işlerin ardından olmuş... 1984 yılında inşaat sektörüne girip Teşvikiye'de kat karşılığı inşaata başlayan Topoğlu, "Bölge esnafı tarafından iyi tanınmam en büyük avantajım oldu" diyor.

## 5 yıldızlı otel konseptiyle tasarlanacak

**İNŞAAT** alanı 7 bin metrekare olacak 'Doktor Muayenehane Tıp Merkezi'nin 5 yıldızlı otel kalitesinde ve konseptinde inşa edilmesi planlanıyor. Şu anda proje tasarım çalışmaları yapılmakta olan merkezin, özellikle cephe tasarımlarında Ankara'da faaliyet gösteren Aldi Metropolitan Oteli'ne benzer bir konsepti taşıması planlanıyor. Projede ayrıca her bir muayenehanenin iç [illegible], şirketin iç mimarları tarafından muayenehane sahiplerinin istekleri doğrultusunda [illegible] malzemelerle gerçekleşecek. Plaza girişinden başlayarak 2 normal, 1 de hasta asansörü yönetmelikte belirtilen ölçülerde olacak. Plazanın altında iki kat, yaklaşık 2 bin metrekare otopark yapılacak. Plazanın binasına bağlanan giriş ve diğer alt katı, yaklaşık 1000 metrekarelik bir alan poliklinik veya laboratuvar olarak inşa edilecek. Merdiven basamakları ve ölçüleri yönetmeliğin istediği gibi yapılacak. Hasta asansörleri kurulacak.

# İstanbul'da 3.500 muayenehane var, yüzde 25'i Fulya'da

**İSTANBUL'DA** yaklaşık 3 bin 500 muayenehane olduğunun tahmin edildiğini söyleyen Topoğlu İnşaat Yönetim Kurulu Başkanı Davut Topoğlu, bunun yüzde 25'inin Fulya'da olduğunu, Teşvikiye- Valikonağı Caddesi bölgesinde neredeyse her apartmanda bir doktor muayenehanesinin bulunduğunu kaydetti. Bölge, Amerikan Hastanesi, Acıbadem, Mikro Cerrahi Kliniği, Nişantaşı Hospital, Dentistanbul, Boğaziçi Tıp Merkezi ve İstanbul Cerrahi Merkezi gibi pek çok sağlık kurumunun yanı sıra birçok laboratuvara da ev sahipliği yapıyor.

Davut Topoğlu

# Bakkal çıraklığından müteahhitliğe

**ÇOCUK** yaşta iş hayatına atılan ve Erzincanlı bir ailenin çocuğu olan Davut Topoğlu'nun inşaat sektörüne girişi, bakkal çıraklığı, kapıcılık gibi işlerin ardından olmuş... 1984 yılında inşaat sektörüne girip Teşvikiye'de kat karşılığı inşaata başlayan Topoğlu, "Bölge esnafı tarafından iyi tanınmam en büyük avantajım oldu" diyor.

# III

*Şekillenen hayatların altından kalkmak,*
*Ağır bir taşı kaldırmaya benzemiyordu.*

Plazamızın bulunduğu cadde âdeta her insanın bütün sağlıkla ilgili sorunlarını çözebilecek bir caddeydi. Hastanedeki bütün profesörler isim yapmış ve bir gelen bir daha gelip başkalarına da öneriliyordu. Acıbadem Hastanesi, İstanbul Cerrahi Hastanesi gibi sağlık kuruluşları bu cadde üzerinde olmasına rağmen bizim plaza kadar ilgi görmüyorlardı.

Bölgedeki oteller için maalesef aynı şekilde düşünmüyordum. Bir insanın tercih edecek, tercih etse bile rahat edebilecek özelliklere sahip değillerdi. Yurtdışından gelen hastaların tedavileri standartların üzerindeyken konaklama hizmeti standartların altındaydı. Gelen hastaların işleri birkaç güne uzayacaksa ya da tedavileri erteleniyorsa bu insanların kalacak bir yerleri olması gerektiğini düşündüm. Bunun bir eksiklik olduğunu görerek bir otel yapma fikrine koyuldum. Ancak kendi tabirimle "Sağlık Vadisi" olan bu bölgede düşündüğüm projeyi gerçekleştirecek bir arsa ya da bina bulmak neredeyse imkânsızdı.

Plazamızın inşaatına başladığım tarihten itibaren gözüme kestirdiğim ama aklımda daha otel fikri yokken büyük arsalı, üzerinde de eski bir yapı olan bir yer vardı. Bu yer beni görür görmez o an cezbetmişti. Aklıma orası geldi ve günlerimi sahibi ve sahiplerini bulmaya adamaya başladım. Binada kiracı olarak Eczacıbaşı Holding'e ait şirket vardı. Bir sabah bu Eczacıbaşı'nın karşısında olan bir berbere gittim. Hiç kimseden de bir şey duymadan gerçekten tıraş olmak için oraya gitmiştim. Tıraş olurken de kuaföre dedim ki, "Bu Eczacıbaşı'nın şirketi burayı boşaltıyormuş, doğru mu?" dedim. "Doğru," dedi. "Bu ayın sonu boşaltıyorlar," dedi. O an içime bir heyecan düştü. Asla aklımda olmayan ve tesadüfen sorduğum ve ilgilendiğim bu yeri birden boşalttıklarını öğrendim. Tıraşım bittikten sonra teyit amaçlı, gerçekten boşaltıyorlar mı diye Eczacıbaşı'na ait şirkete gittim ve öğrendim ki gerçekten boşaltıyorlarmış.

Yine ve yine hareket geçtim. Kafama yine bir yeri takmıştım ve benim olana kadar da durmayacaktım. Bunu artık siz de biliyorsunuz. Yaptığım araştırmaya göre mülkiyetin Eczacıbaşı'na ait olduğunu öğrendim. Bu sefer de Eczacıbaşı'ndan burayı nasıl alırım sorusunun cevabını bulmaya başladım ve araştırdım. En son tepe yöneticilere kadar çıktım. Onlar da bu yeri kesin olarak satmak istemediklerini söylediler. Daha önce söylediğim gibi bu beş katlı binanın olduğu yer çok büyüktü. Bu mülkler iki dönüme yakın bir arsa üzerine inşa edilmiş. Paha biçilemez bir lokasyonda olduğu için ondan satmak istemiyorlar diye düşündüm. Fakat şunu bilmiyorlardı ki ben tek pencereden bakan bir insan değildim. Pes etmeyi ya da reddedilmeyi sevmezdim.

Burası artık benim takibimdeydi. Kulağıma gelen bilgilere göre Eczacıbaşı'nın bir şirketi bu binada faaliyet gösteriyordu. Kavacık'a taşınma kararı almışlardı. Dolayısıyla da kiraya vermek istediklerini söylediler. Öğrendiğim an yöneticilerle görüştüm ve bu yeri satın alma teklifinde bulundum. Teklifim tekrar reddedildi ve İstanbul İl Sağlık Müdürlüğü'ne kiraya verdiler.

Zaman bir şekilde akışında devam ediyordu. Plazanın işleri tam da istediğim gibi yolunda gidiyordu. Zaman geçiyordu fakat ben bekliyordum. Bu yerde, tam da olmasını istediğim yerde bir otel yapma hayalim, içimde, kafamda sürekli dönüyordu. Dört yıl sonra benim beklediğim haber geldi. İl Sağlık Müdürlüğü'ne kiraya verilen bu yer boşaltma kararı almıştı ve Eczacıbaşı bir kez daha burayı kiraya vermek istiyordu. Hemen görüşme talep ettim. Üst düzey bir yönetici beni karşıladı. Bu sefer kim olduğumu, neler yaptığımı falan anlatırken yönetici lafımı kesti. Kendisi önceki yıllarda Teşvikiye'de oturuyormuş.

"Sen kendini anlatma. Ben seni gıyabında gayet iyi tanıyorum. Hatta bakkal çıraklığı yaptığın dönemden beri tanıyorum. Gayretlerini de takip ediyorum. Onun için kendini anlatma... Konumuza gelirsek de biz vakıf olarak mülk satmıyoruz," dedi.

Öyle deyince ben de bu sefer kiralamayla ilgili teklifimi yaptım. O zamanlar ekonomik kriz vardı. Onu da düşünerek aylık yüz bin lira kira teklifinde bulundum. Yönetici de bu teklifi değerlendireceğini söyledi. Görüşme bitti ve ben beklemeye başladım. Bir gün geçti. İki gün geçti. Ses soluk yok. Bir haber de yok. İçeriden de bir haber alamıyorum. Daha sonradan aldığım bilgiye göre o zamanlar dershaneler kapatıldığı için bu yere özel okul yapmak isteyenler de teklifte bulunmuşlardı. Bunu öğrendiğim gibi Eczacıbaşı'nı aradım. Dedim ki, "Kim ne kadar teklif ettiyse üzerine on bin lira koy. Kontratı yapalım," dedim. Yönetici de, "Davut Bey sizden de bunu bekliyorduk," dedi. Yüz altmış beş bin liraya kontrat yapıldı.

Bazı insanların isimleri vardır. Bu isimler bir yerlere ulaştığı zaman bazen çekidüzen verir. Bazen bir iş varsa o halledilir. Bazen de o ismin neler yaptığını ve nereden nereye geldiğini bilerek o kişinin her işi başarıyla tamamlayacağını bilir. İşte ben öyle biriydim ve etrafımdaki insanların bana her konuda kredisi vardı. Bu oteli kiralamaya başladığımda tadilat için her zaman olduğu gibi krediye ihtiyacım vardı. Banka olarak da Akbank'ı seçmiştim ve çektiğim krediyi bu otelin inşaatında kullandım. Fakat burada altını çizmem gereken bir husus vardı. Ben ilkokul mezunu olarak karşımdaki okumuş, bir yerlere gelmiş avukatlar ve daha niceleri, bu yerin vakıfa ait olduğunu ve özel vakıf da olsanız genel vakıflar kanununa tabi olduklarını bilmiyorlardı. Bu yüzden otele dönüştürme yetkisini bana veremezlerdi. Ama ben imza attığımdan itibaren bunun farkında olup kontratı imzaladıktan sonra oğlum Ayhan'ı aradım ve binayı satın aldığımı söyledim.

Nitekim hem güçlendirme hem de otele dönüştürme inşaat işlerine başladım. Bu eski binayı, neredeyse tamamını yıkmaya, ilaveler yapmaya, çıkmalar yaparak büyütmeyle ilgili çalışmalara devam ederken vakfın yetkilileri benimle görüşmek istediklerini söylediler. Bana otele dönüştürmeyle ilgili verdikleri yetkinin vakıflar kanununa aykırılık teşkil ettiğini, bir bakıma idari hata yaptıklarını ancak o zaman fark etmişlerdi. Ben o an anladım ki tadilat çalışmalarım vakfın yetkililerini rahatsız etmişti. Ben bunları bildiğim için inşaat işlerini bilerek abartmıştım.

Görüşmeye gittiğimde üst düzey yönetici beni karşıladı. Yüz ifadesinde de bir tedirginlik olduğunu o an anlamıştım. Yönetici hiç beklemeden direkt konuya girdi ve şöyle söyledi. "Davut Bey, biz bir bakıma idari hata yapmışız. Bundan dolayıdır ki ben çalışanlarıma, Davut Bey burayı zaten satın almak istiyordu. Hem onun istediği olur hem de bizler bu durumdan kurtuluruz," dedi. Sonra da, "Nasıl, iyi demiş miyim?" diye ekledi. Ben de, "İyi demişsiniz," dedim. Vakıf bana eksper bedeli çıkartmıştı. Ben de, "Nedir bunun bedeli? Ve benim yapmış olduğum masraf ne olacak?" dedim. Yönetici ise, "Sen merak etme," dedi.

Daha önceden de kiralama için gittiğim Akbank yetkilerine, bu sefer Halkbank'ı da yanına ekleyerek görüşmek için yanıma çağırdım. İki bankanın yetkililerine bu yerin mükemmel bir konumda olduğunu, buranın bir sağlık vadisi olduğunu, gelen hastaların böyle bir yere ihtiyaç duyduklarını, seksen doksan tane doktorun olduğunu ve Türkiye'nin ilk sağlık otelini yapacağımı, yapmak istediğimi bundan dolayı da burayı satın almak istediğimi söyledim. Görüşmeler sonucunda Halkbank'ı seçtim. Kredimi kullandım, ödememi yaptım. Bu yeri de böylelikle satın almış oldum. Bunları yaparken de es geçilmemesi gereken bir şey varsa o da bu otel projesini yapmadan önce muayene plazasının daha yüzde kırklık kredi kısmı devam ederken ben bu oteli satın almıştım. Bu benim bir bakıma stratejimdi. Diğer inşaatlarımda da hatırlarsanız cebimde neredeyse beş kuruş olmadan bu büyük adımları atmıştım ve her inşaatımın üzerinden büyük karlar yapmıştım.

Bu inşaatımda da olduğu üzere insanların bana olan tavırları, bakışları ve hatta oğullarımın bile, "Baba sen artık ne istiyorsun? Otel burada iş yapmaz!" demelerine bile maruz kalmıştım. Her zamanki gibi her şeyi sineme çekiyor, günün birinde hepsinin bana hak vereceğini biliyordum ki günün birinde otelin çok iş yapmaya başladığı zamanlarda oğlum Ayhan, "Baba, galiba bu otel burada iyi iş yapacak," dedi. Ben de alaycı tavırla, "Hadi ya! İyi öngördün de yaptık bu oteli," diye dalga geçer gibi onlara bir kez daha bir projenin altında kalmadığımı göstermiştim.

# KORİDORUN SONU

Şimdi ise eşim Fatoş Hanım ve en küçük kızım Kumru ile birlikte bir çatı altındayım. Diğer çocuklarımın hepsi evlendiler. Kızlarımla ikinci evliliğim sonrası bir hayli sıkıntılar yaşadık. Ne onlara kendimi anlatabildim ne de beni anlamalarını bekliyorum. Her evladımın içimde ayrı bir yeri vardır. Evlatlarıma ticaret hayatının yoğunluğundan belki yeteri kadar zaman ayırıp sevgi gösterememişimdir. Bilmiyorum. Fakat bütün çabam o koridorda aklıma kazıdığım benden olanlar benim gibi olmayacak, ben babam gibi olmayacaktım olmuştu.

Bazen yarayı temizlerken aynı zamanda acıtır ya doktor. Hani dikiş atılırken dayanamazsın o acıya, oysa doktorun bütün çabası seni iyileştirmek içindir. Çok sonra anlarsın bunu. Benimki de o hesaptı işte.

Aramızdaki kırgınlıklara inat, bütün çocuklarıma düştüklerinde yanlarında olmasam da onlara hissettirmesem de bir gökyüzü gibi bütün yüreğimi üzerlerine sererim. İçim buruk, kalbim kırık belki fakat her bir evladımı içimden geçirmediğim tek bir günüm olmadı. İlk eşimden ayrılmıştım, evet ama çocuklarımdan ayrılmamıştım. Tabii bunları onlara anlatmak hiç kolay olmadı. Hiçbir zaman da anlamadılar. Nerede hata yaptım bilmiyorum. Belki de ben sadece sevmeyi beceremedim.

Hayatım boyunca yalnız kaldığım çok zaman oldu. Kendimle kaldığım, riskli kararlar aldığım, hatta öyle zamanlar oldu ki çaresizlikten oturup hüngür hüngür ağladığım, en zoru da kalabalıklar içinde yalnız kalmaktı. Zamanla yalnızlıkla başa çıkmayı öğrendim. Kendi iç dünyamda sığınaklar inşa ettim. Yazarak, okuyarak, iç sesimi dinleyerek kendi kendime eşlik ettim. Ama unutmayın, yalnızlıkta güç de vardır. Kendi iç dünyanızı keşfeder, kendi gücünüzü ve potansiyelinizi ortaya çıkarırsınız. Mesela kelebekler yaşamları boyunca hiçbir zaman o kadar güzel kanatlara sahip olduklarını bilmezmiş. İnsanların birçoğu da içindeki gücün farkına varmadan bu dünyadan geçip gidiyor. Hiçbir zaman kendi gücünü ya da güzelliğini fark edemiyor. Ben bu gücümün farkına çok erken yaşta vardım. Fark edemeyenlere de örnek olması dileğiyle…

İşime gelecek olursak hâlâ yapmak istediğim o kadar şey var ki hayata geçirmek istediğim bir ton proje…

Benim hayattaki en büyük şansım, kendi içimdeki gücün farkına varabilmekti. Vazgeçmek, geri dönmek, boyun eğmek benim lügatimde yoktu. Başarının koşulsuz yolu belki de buydu. Cesaret ve inanç, ikisi de bende fazlasıyla mevcuttu. On üç yaşımda başlayan bu yolculuğum buraya kadar böyleydi. Bundan sonrası meçhul. Ama aklımdan ve gönlümden geçenler henüz bitmedi.

Bakkal çırağı, bakkal, siyasetçi, şoför, müteahhit ve doktor arkadaşlarımın dediği gibi şimdi de "Doktorların patronu Davut" olmuştum.

Yoruldum. Tükettim. Tükendim. Ama arzularımdan bir an için bile vazgeçmedim. Ağladım, üzüldüm belki ama inancımı hiçbir zaman kaybetmedim. Çok yattım ama az uyudum. Çok çalıştım, çabaladım. Nihayetinde ne istediysem hayattan söküp aldım.

Şunu bilmenizi isterim ki yaptığım bütün projeler benim için son durak değil, her zaman son durağa gitmek için uğradığım duraklardı. Bu duraklar beni belli bir yerlere taşıyordu. Taşıdıkları yerde nasıl çabaladığım ve neler yaptığımı da az çok artık biliyorsunuz. Bu hayatımın sonuna kadar bu şekilde devam edecek. Son durak belki var. Beni bekliyor ama ben, beni taşıyan duraklarda beni mutlu eden, hayallerime doğru her yeni bir projemde sanki ilk projemmiş gibi aynı hevesle başarılarımın yanına bir yenisini ekleyeceğim.

İstanbulcuya, Hanegeli Ayşe'ye, beni bu diyara getiren o kara trene, en önemlisi de her şeyin başladığı hayat dediğimiz o koridora, kısacası hayatıma dokunan herkese minnetle…

***Davut TOPOĞLU***